PROSPERIDAD
A través del Conocimiento y el Poder de la Mente

———

Conferencias y
Tratamientos Mentales

———

Annie Rix Militz

Traducción de

Marcela Allen Herrera

WISDOM COLLECTION
PUBLISHING HOUSE

Wisdom Collection LLC
McKinney, Texas/75070
www.wisdomcollection.com

Prosperidad
A través del Conocimiento y el Poder de la Mente. – Edición Revisada
ISBN 978-1-63934-053-8

La versión original de este libro fue publicada en el año 1913, y contiene una serie de conferencias que fueron entregadas en Londres, Nueva York, San Francisco y Los Ángeles, entre los años 1900 y 1913, por la destacada autora y líder espiritual, Annie Rix Militz.

Para otros títulos y obras del Nuevo Pensamiento, visita nuestro sitio web

www.**wisdom**collection.com

CONTENIDOS

PREFACIO

Esta guía de Prosperidad fue escrita a partir de la base de que el pensamiento es un influjo sustancial en el mundo, tal como la electricidad, el vapor, el calor y la luz. Que el individuo puede controlar, dirigir, transformar y disipar sus pensamientos, de la misma forma que manipula las fuerzas que son evidentes para sus cinco sentidos. Si la persona que toma este libro ha estudiado psicología y metafísica, desde ese punto de vista, indudablemente ha tenido pruebas de este poder del pensamiento. Si no lo ha hecho, permítele que se acerque a este libro con una mente imparcial, dispuesta a investigar y a no juzgar hasta que tenga toda la evidencia y haya probado a fondo las prácticas y aplicaciones recomendadas.

En muchos casos, la simple lectura del libro será suficiente para producir una mejora notable en los asuntos de uno.

Pero el deseo más ferviente de la autora, no es que uno simplemente prospere en sus asuntos mundanos con este volumen, sino que este pequeño libro resulte ser la puerta a una nueva vida. Y que el lector continúe estudiando otras obras de naturaleza similar, hasta que conozca todo el gozo y la libertad que han llegado a quienes han encontrado su paz y felicidad viviendo de acuerdo a los principios que aquí se sostienen.

La autora siempre se alegrará de escuchar de aquellos quienes se han beneficiado de estas enseñanzas.

A.R.M.

Los Ángeles, California.

Pascua, 1913.

~PRIMERA PARTE~

PRINCIPIOS Y PRÁCTICA

El Poder del Pensamiento Correcto
para Lograr el Éxito

PROSPERIDAD Y ESPIRITUALIDAD

"De ti proceden la riqueza y el honor; tú reinas sobre todo y en tu mano están el poder y la fortaleza, y en tu mano está engrandecer y fortalecer a todos"
(1 Crónicas 29:12).

Actualmente, está establecido en la mente de muchas personas que la salud del cuerpo es un legítimo resultado del conocimiento espiritual y, eventualmente, será una de las señales de un seguidor práctico de Cristo. Sin embargo, muchos de estos fervientes creyentes, encuentran difícil creer que la salud de las circunstancias pueda demostrarse de la misma manera, y que sea un signo tan legítimo y verdadero de la comprensión de la ley espiritual, como la sanación del cuerpo.

Al abordar el tema de las riquezas con una mente justa y sin prejuicios, entenderemos por qué han estado en gran parte en posesión de los no espirituales, en lugar de los hijos de Dios, a quienes les pertenece legítimamente la herencia.

Las riquezas mundanas han sido temidas, despreciadas, condenadas e incluso odiadas por los aspirantes espirituales, debido a la ignorancia de cómo estar en ellas, sin embargo, no ser de ellas —poseerlas y no ser poseídos por ellas. Sin duda, esta actitud es menos engañosa que el otro error: la codicia, la adoración y el miedo a perder las riquezas. Pero los realmente sabios evitan ambas actitudes porque saben que la riqueza del mundo no es más que un reflejo de la verdadera riqueza, las cual debe buscarse primero, último y siempre. Habiendo encontrado la riqueza del cielo, no puedes escapar de la riqueza de la tierra, a menos que la rechaces intencionalmente.

El estado rico del ser es la Tierra Prometida que pertenece al pueblo de Dios. Su ocupación por parte de los egoístas y carnales es como los hititas, cananeos, etc., que poseían la Tierra Prometida, en el momento en que los israelitas comenzaron su marcha con Moisés fuera de Egipto, para recuperar su propia tierra. La tierra, según los espías espirituales (Números 13), era muy deseable, una tierra donde fluía leche y miel, una del olivo y de la vid. Esta inocente tierra era dulce, pura y buena, a pesar de haber sido explotada por los paganos. Así son las riquezas mundanas, impersonales, buenas, útiles, que imponen el respeto del mundo.

Seamos sinceros y no despreciemos aquello que encierra una bendición divina, pero tampoco codiciemos lo que no son las verdaderas riquezas, porque "¡cuán difícil les es entrar en el reino de Dios, a los que confían en las riquezas!", un dicho que se aplica tanto a los pobres impacientes y ansiosos, así como a los ricos obsesionados. No es el dinero en sí mismo la raíz de todos los males. El dinero no es nada en sí mismo, sino un símbolo. Es el amor al dinero lo que causa terribles problemas en las familias y entre los amigos, y estropea al candidato a los poderes espirituales y a la iluminación.

El primer paso en la consecución de la prosperidad es tener la actitud correcta de la mente y el corazón hacia la riqueza del mundo. Ver que la prosperidad y la espiritualidad deben unirse aquí en la tierra, y el individuo debe ser la palabra que hace la unión.

Durante demasiado tiempo se ha considerado la prosperidad como algo material y carnal, como la falsa esposa descrita en el capítulo 2 de Oseas. Olvidando la fuente de sus riquezas, "ella no reconoció que yo le daba el trigo, el vino y el aceite, y que le multipliqué la plata y el oro", —una Dama de la Fortuna, la mujer escarlata, voluble y falsa.

Demasiado tiempo la espiritualidad, como un monje austero, ascético, condenatorio, poco práctico y excluyente, la ha repudiado y no ha reconocido que "lo que Dios ha unido" el hombre no puede separar. Esa antigua espiritualidad está muerta, todos saludan a la Nueva, que no pospone el reino de los cielos a un estado después de la muerte, sino que reconoce que aquí y ahora es el tiempo y el lugar para que se manifiesten las riquezas del reino.

El ser humano, como un sacerdote oficiante, une a estos que parecían dos, e incluso opuestos, de la siguiente manera: (1) creyendo en su unión, (2) revelando su verdadero carácter. La prosperidad es espiritual, y la espiritualidad prospera.

La prosperidad es de Dios, como la vida, la salud y la fuerza. Es el privilegio del ser humano usar estos dones divinos como quiera; él puede usar su fuerza para derribar a otro; puede usar su salud para imponer sus apetitos a otros, pero estos usos no disminuyen el hecho de que la fuerza y la salud son dones de Dios.

El individuo puede hacer un mal uso de su prosperidad, puede atribuirla a fuentes deshonestas y egoístas, pero esos son sus errores, la verdad sigue siendo que: lo que es universalmente bueno en sí mismo tiene un origen semejante, el Bien, y la prosperidad se origina en el Todopoderoso Uno, quien hace todas las cosas buenas y muy buenas, y nunca conoce el fracaso.

No hay ningún bien que el individuo persiga que, considerado en su pureza y desde el punto de vista más elevado, no pueda identificarse con Dios.

"Yo soy el Señor tu Dios, que te saqué de la casa de servidumbre" (Éxodo 20: 2).

Yo soy el Señor, tu Bien, que te liberó de ese gran problema, que te salvó de ese error, fracaso u otra dificultad —el mal que te acosaba.

La prosperidad es la presencia de Dios. Es esa expresión de bienestar, poder, belleza y libertad que siempre está asociada con el reino de los cielos, y cada vez que se describe el advenimiento del reino de Cristo se utiliza el lenguaje de la riqueza terrenal; las Escrituras están repletas de comparaciones y atributos celestiales sacados de las personas y las cosas prósperas del mundo. Al identificar la prosperidad con Dios, vemos que esta es la verdad de su ser, que es omnipresente y universal. Al estar en todas partes, uno no necesita ir de un lugar a otro para conseguirla. La encuentras dentro. Entonces, la llevas contigo, tú mismo eres la prosperidad. Como Whitman, puedes decir: "No busco la fortuna, yo mismo soy la fortuna". La encuentras en el negocio que tienes ahora, cumples la promesa declarada de aquel que se deleita en la ley del Señor y:

"En su ley medita de día y de noche... Y todo lo que hace, prosperará" (Salmos 1: 2,3.)

Al ser universal, la prosperidad que es una con Dios se expresa en todo y a través de todos. Se manifiesta en tu vida como buena suerte en general. Todos los reinos del mundo te dan lo mejor de sí. En el reino vegetal, tus plantas están sanas, tus cosechas son abundantes y no están sujetas a sequías, heladas, plagas o daños; en el reino mineral, se te descubren el oro y la plata, los tesoros en las rocas: diamantes, carbón y petróleo; en el reino animal, tu ganado aumenta y se mantiene en excelentes condiciones; en el reino humano, eres magnético, bendecido con amigos, con iniciativa, ejecutor, eficiente.

La prosperidad, vista como una con Dios, no es temporal ni cambiante. Es eterna. No está limitada en su expresión. No solo se manifiesta en las formas comunes del mundo, sino que también incluye la prosperidad en la salud y en la fuerza, en los honores y en los placeres, en el amor y en el aprendizaje.

La prosperidad de la mente mundana tiene las alas proverbiales, y siempre hay un esqueleto en la fiesta de los ricos sin principios e ignorantes. ¡Qué supersticiosos son! Construyen casas magníficas y no se atreven a mudarse a ellas porque otros hombres ricos han muerto cuando se han instalado cómodamente en sus nuevas casas. ¡Qué miedo tienen de los competidores! ¡Qué descontentos están con la cantidad que tienen! ¡Qué poco dominio tienen sobre la salud y la vida y sus seres queridos! La riqueza sin espiritualidad es un fruto del Mar Muerto. La sustancia y la felicidad duradera de la riqueza es el conocimiento de la Verdad.

Volvamos a la afirmación de que la espiritualidad nos hace prosperar y consideremos cómo lo hace. En primer lugar, da una intuición del carácter humano, de manera que uno sabe con quién asociarse en los negocios, cuáles son las cosas que las personas necesitan y cómo satisfacerlas. En segundo lugar, inspira confianza en el interior e invita a la confianza de los demás en nosotros. En tercer lugar, aumenta el sentimiento de compañerismo, da un vivo interés por el bienestar incluso de los extraños, haciéndolo a uno magnético. En cuarto lugar, da una mente clara, un juicio sensato, sentido común. En quinto lugar, da aplomo y confianza en el futuro. Estas son algunas de las razones, otras se revelarán a medida que avancemos en el tema.

La buena suerte no es una cosa del azar. Tampoco la fatalidad es una cuestión de nuestros astros o de nuestro karma, sino que su causa radica en una ley cumplida consciente o inconscientemente, esto último con la mayoría de las personas, lo primero con los iluminados. Una de estas leyes es el reconocimiento de la Fuente Real de nuestra fortuna. Esta ley fue cumplida por Abraham, quien no quiso recibir nada del rey de Sodoma.

"No tomaré ni un hilo ni la correa de una sandalia, nada de todo lo que es tuyo, para que no digas después: Yo enriquecí a Abram" (Génesis 14: 23)

Esta ley fue impuesta estrictamente a todos los hebreos. Porque la tendencia del mortal es atribuir su éxito a su propia habilidad o trabajo, visión o energía, olvidando que incluso estos son dones de Dios y que están siendo aplicados diariamente por otros, pero sin éxito.

Nuestro Dios habita dentro de nosotros, nuestro verdadero Yo Soy. Asimismo, es el Yo Soy de todos los demás, y ningún ego mortal puede reclamarlo como exclusivamente suyo. Es el mismo en nosotros hoy, que el que habló a los antiguos israelitas, y ahora nos indica el camino para ser eternamente prósperos:

"Cuando hayas comido y te hayas saciado, bendecirás al Señor tu Dios por la buena tierra que te ha dado. Cuídate de no olvidar al Señor tu Dios dejando de guardar sus mandamientos. No sea que cuando hayas comido, y te hayas saciado, y hayas construido hermosas casas, y habitado en ellas; y cuando se multipliquen tus vacas y tus ovejas, y se multiplique tu plata y tu oro, y se multiplique todo lo que tengas, entonces, se enaltezca tu corazón y te olvides del Señor tu Dios... y digas en tu corazón: Mi poder y la fuerza de mi mano me han traído esta riqueza. Más acuérdate del Señor tu Dios; porque él es el que te da el poder para hacer riquezas". (Deuteronomio 8: 10-14, 17-18).

Cultivando una íntima comunión con el divino Yo Soy dentro de nosotros, somos conducidos de una expresión de prosperidad a otra, por un camino seguro, en el que cada paso es científico e inspirado. A esta guía interior Jesucristo la llama el Espíritu Santo, también el Espíritu de la Verdad y el Consolador. Es impersonal y universal, sin embargo, su voz puede ser escuchada inequívocamente por aquellos que no le dan un matiz personal (como cuando se les llama "espíritus" —¡qué engaños y disparates e incluso ultrajes, se han perpetrado en tal engaño!) ni ignoran sus grandes mandamientos, dados a través de los profetas.

Esta Guía interna ha sido llamada por una variedad de nombres, como "algo en mí", "mi impresión", "intuición", "sentido de negocios", e incluso ha sido llamada el "microbio de la prosperidad" por un conocido personaje estadounidense, quien dijo que no había podido ser rico porque nunca había tenido el "microbio". Dijo que una vez, hace muchos años, cuando Bell, el inventor del teléfono, estaba colocando por primera vez sus acciones en el mercado, él vio que era una buena inversión. Por lo tanto, sacó todo lo que tenía en el banco —eran solo treinta mil dólares— y se dirigió a comprar acciones preferenciales del teléfono de Bell, cuando se encontró con un escéptico amigo que se rió despectivamente de su simpleza y le convenció de que volviera con su dinero al banco. "Y así, me libré de ser multimillonario, porque no tenía el microbio", concluyó con pesar. Él lo tenía, pero no conocía su nombre ni su naturaleza.

Un joven corredor de bolsa de Chicago, que disfrutaba de un efímero vuelo napoleónico entre las subidas y bajadas en la bolsa, fue asediado para que diera a conocer su secreto, que le permitía saber cuándo y cuánto comprar, y vender, y que le hacía tener un éxito tan fenomenal. Él confesó que no era un sistema exacto que pudiera definir, sino solo impresiones: "Algo en mí me impulsa a hacerlo y es irresistible!" —dijo él. Pero su poder fue de corta duración, porque él no sabía que era el Espíritu Santo y, por tanto, no buscó su conocimiento para saber cuándo abandonar esas necias manipulaciones que no son nada para el Espíritu, que elige los instrumentos más nobles del corazón y la mente humana, en lugar de acciones y bonos. Cuando las leyes éticas son ignoradas y traspasadas, ninguna iluminación corriente puede evitar que fracase el novato en poderes espirituales.

Es posible ascender a grandes alturas de éxito bajo la tutela del Espíritu Santo y nunca enredarse falsamente con la ley moral. Así lo demuestra un hermoso carácter que fue conducido al descubrimiento de notables minas en Wisconsin, y a establecer una hermosa casa en uno de los lugares más favorecidos de California, donde tenía

una capilla y sanaba a muchos enfermos. Ella escuchó la
voz interior desde su juventud y, al igual que Abraham, se
le aseguró desde el principio que, si era obediente a todas
sus instrucciones, le llegarían grandes riquezas y, al igual
que Abraham, cuando se enriqueció, reconoció al Espíritu
Único, Señor Dios de toda la tierra, como la Fuente de su
prosperidad. Me refiero a Mary Hayes-Chynoweth de
Edenvale, cerca de San José, quien publicó durante años
unos artículos muy interesantes describiendo su
maravillosa, de hecho, emocionante y romántica guía y
protección por parte del Espíritu.

Establezcamos en nuestro corazón que la ley que dio el
Maestro: «Busquen primero el reino de Dios y su justicia,
y todas estas cosas les serán añadidas» es un consejo
sólido y científico para el establecimiento de la
prosperidad eterna, y procedamos a cumplir el mandato.
Y, desde el principio de la búsqueda, consideremos
estrictamente lo primero. Así descubriremos que, en un
nuevo sentido, el "Primero será el Último", ya que para
buscar primero el reino de Dios verdaderamente, debemos
hacer de él nuestra búsqueda última o definitiva, y nuestra
única búsqueda.

Esto significa que no estamos en la Verdad por sus
gratificaciones, sino por ella misma. Significa una cierta
indiferencia hacia "las cosas añadidas", incluso una
despreocupación respecto al tiempo en que tardarán en
llegar, una indiferencia absoluta de que lleguen alguna
vez. Ese es el estado mental paradójico de quien sabe que
tales riquezas son inevitables.

Medita diariamente en el Ser puro de Dios, tanto bajo el nombre de prosperidad como bajo todos los demás nombres, como uno con la prosperidad:

DIOS ES

1. Prosperidad.	5. Vida.	9. Paz.
2. Omnipresencia.	6. Salud.	10. Pureza.
3. Omnipotencia.	7. Amor.	11. Fe.
4. El Bien.	8. Sabiduría.	12. Verdad.

TODO UNO

Copia lo anterior en una tarjeta, para colocarla en algún lugar conveniente para su pronta referencia.

Comienza algunas prácticas definidas como las siguientes:

I. Mantén un pequeño cuaderno a mano para anotar pensamientos útiles, originales y diferentes.

II. Identifica la prosperidad (1) con todos los demás nombres de Dios (2 al 12) no todos a la vez, sino alternado, y observa qué pensamientos magistrales surgirán. Razonamos así: Ya que Dios es prosperidad (1) y Dios es omnipresencia (2), por lo tanto, la prosperidad es omnipresencia, es decir, la prosperidad está en todas partes, en todo lo que encuentro, en mis negocios, en todo lo que pongo mi mano. No necesito moverme de un lugar a otro. No obstante, puedo ir y la prosperidad me seguirá. Todo y todos me prosperan.

Ya que Dios es prosperidad (1) y Dios es omnipotencia (3) la prosperidad es omnipotencia, mi prosperidad es todopoderosa, aunque parezca un grano de mostaza, puede mover montañas. Nada puede apartarla de mí. Prospera por sí misma. Nada tiene tanto éxito como el éxito.

Ya que Dios es prosperidad (1) y Dios es el Bien (4) por lo tanto, la Prosperidad es el Bien, es decir, en lo más alto, la prosperidad me traerá solo el bien. No me traerá orgullo ni insensatez. No me engañará ni me hará perder la espiritualidad. La verdadera prosperidad prospera a los demás, siendo de la misma naturaleza que la que hace crecer dos briznas de hierba donde antes solo crecía una. Mi prosperidad beneficia a mi prójimo, no es parasitaria, es la presencia de Dios.

Ya que Dios es prosperidad (1) y Dios es vida (5) la prosperidad es vida, es decir, hay vida en mis asuntos. No hay que esperar a que la muerte de algo o de alguien me traiga prosperidad.

La prosperidad (1) es una con la salud (6), es decir, no hay agotamiento de la vitalidad ni la energía al traer prosperidad.

La prosperidad (1) es una con el Amor (7). La clave de la prosperidad es el amor más elevado, el amor universal e inmutable, no el egoísmo ni la codicia.

Razona de esta manera a voluntad, tomando siempre cada nombre en su significado ideal más elevado.

III. Combina la omnipresencia (2) con cada una de las que siguen de (3) a (12).

IV. Combina la omnipotencia (3) con cada una de las que siguen desde (4) hasta (12). Y así sucesivamente, a través de la lista.

Lo que aquí se recomienda es una práctica que siempre ha sido impartida por los maestros espirituales, desde los tiempos orientales más antiguos, y especialmente respaldada por Jesucristo en sus palabras "Velar y orar siempre", y su indicación de "que los hombres deben orar siempre y no desfallecer".

Si los orientales pensaban que la oración siempre significaba una súplica y una petición de algo, entonces Pablo nunca habría dado la instrucción "Orar sin cesar. Él sabía que significaba la comunión con el Único omnipresente, nuestra vida y Ser mismo, y una comunicación de los benditos dones vitales de Dios.

El sabio mundano que se enriquece, piensa día y noche en el dinero, en los precios, en las propiedades, en las formas y los medios, en los artilugios para una prosperidad que no es más que un soplo de viento. Aquel que quiera conocer la prosperidad eterna, debe pensar día y noche en Dios, hasta que no vea ni conozca nada más que esa única y suprema presencia dichosa.

2

LA MAGIA DE LA MANSEDUMBRE

"Bienaventurados los mansos, porque ellos heredarán la tierra" (Mateo 5: 5).

"Bienaventurados los humildes porque ellos recibirán la tierra por heredad" (Otra traducción).

"Cuando la abstinencia de robo en la mente (codicia y envidia) y en la acción es completa en el devoto, él tiene el poder de obtener toda la riqueza material".

(Aforismos del Yoga de Patanjali)

Por mucho tiempo hemos estado dispuestos a reconocer el poderoso lugar que la mente ocupa en nuestros asuntos, es decir, a través de sus fases objetivas, no subjetivas. Las personas señalan las invenciones y las artes, los escritos y los edificios, los negocios y la ciencia, como los nobles frutos del intelecto humano, y como los medios necesarios, con otros pensamientos exteriorizados, por los que la mente influye en el mundo. Pero pensar que hay una manera de que el pensamiento trabaje más directamente sobre estos asuntos exteriores es tan difícil para algunos, como lo hubiera sido en otro tiempo creer que una corriente eléctrica pudiera ser utilizada con un conductor expresamente colocado por la mano humana. Del mismo modo que los telegramas de Marconi tienen conductores, aunque sean invisibles a los ojos humanos, así la fuerza del pensamiento es conducida y aplicada, aunque las vías aún no son percibidas por el individuo.

La ciencia está trabajando lentamente con el pensamiento, experimentando y recopilando datos. Y algunos en la vanguardia, difícilmente pueden abstenerse de publicar sus propias convicciones, de que los pensamientos pueden ser sentidos y medidos, analizados y descritos por sus efectos, como el calor y la electricidad. Pero la ciencia es conservadora. Es la filosofía, que ahora comienza a reconocer la intuición como un factor en la adquisición de conocimiento, la que mantendrá a las personas al corriente de los tiempos, y será la mejor ayudante del nuevo pensamiento y de la teología, cuya influencia ya no se puede negar.

Es suficiente para nosotros en todo el mundo hombres y mujeres están demostrando que los pensamientos son el medio y la sustancia más grande de toda la tierra; que los pensamientos pueden ser leídos y sus vibraciones pueden ser sentidas muy claramente; que crean atmósferas que son atractivas o repulsivas de acuerdo con su carácter; que es una necesidad imperiosa que las personas sean instruidas en este campo para que no sean explotadas por los inescrupulosos, ni caigan ellas mismas en tales errores, sino que se unan a las grandes fuerzas del pensamiento que contribuyen a la justicia, es decir, la salud y la felicidad, la riqueza y la libertad del prójimo, así como de sí mismo.

La palabra, silenciosa o audible, es el conductor del pensamiento, y la mente entrenada sabe qué palabras usar, qué pensamientos hacer positivos y cuáles negativos; y cómo mantener los pensamientos verdaderos libres de la adulteración de falsas nociones, opiniones, sentimientos y temores.

En el último capítulo, nos detuvimos en los pensamientos que constituyen la verdadera actitud positiva de la mente, que conduce al éxito a través de la espiritualidad. Pero no solo debemos conocer la forma positiva correcta de pensar, sino que también debemos conocer la forma negativa correcta de pensar. Porque en el reino de las apariencias tanto lo positivo como lo negativo debe manifestarse correctamente, a fin de reflejar correctamente las cosas que son. Tratar de llenar nuestra mentalidad con pensamientos verdaderos, mientras nos aferramos a las antiguas ideas falsas, es como intentar llenar un tintero con leche, sin vaciar la tinta, con el resultado de no tener ni tinta ni leche, sino un líquido inútil.

De las muchas afirmaciones de la última lección, seleccionemos estas: "Dios es omnipresente" y "Dios es el

Bien". Combinándolas, tenemos: "El bien es omnipresente", el primer gran axioma de la verdadera Ciencia de Dios. Es tan simple como dos y dos son cuatro, y es muy importante. Es la base científica del optimismo verdadero y duradero.

Cuando la mente tiene "una razón para la esperanza" que hay en ella, entonces, la esperanza puede convertirse en certeza, e incluso, en los momentos en que la experiencia y los sentidos pueden barrer por completo un optimismo infundado, uno puede permanecer en la alegría, hasta que su sabiduría y su eficacia son demostradas. La prosperidad y la alegría son buenas compañeras y una siempre atrae a la otra. "La abundancia y el buen ánimo" han pasado a ser un proverbio.

Para que la comprensión de que "el bien es omnipresente" le acompañe a uno continuamente, la mente debe entregarse a ese tipo de pensamiento, día y noche. Las antiguas instrucciones bíblicas de "amar a Dios con todo el corazón, el alma, la mente y las fuerzas", de "meditar en su Ley noche y día", de "orar sin cesar" y de "reconocerle en todos tus caminos", solo pueden cumplirse si se rechaza decididamente tener los pensamientos y sentimientos contrarios. Así, la mente debe negarse a meditar sobre el mal y los fracasos, los males y las pérdidas, los temores y las preocupaciones.

Cada vez que surge un pensamiento infeliz, la sabiduría lo desplaza con una silenciosa declaración de la totalidad del Bien. La razón se convierte en el maestro y los testimonios de los sentidos se dejan a un lado. No solo recordamos al Señor nuestro "Dios, porque él es quien te da el poder para obtener riquezas", sino que aprendemos a olvidar las antiguas formas de atribuir nuestras riquezas a fuentes materiales y esfuerzos personales. Al recordar al Señor nuestro Dios, estamos recordando al Todopoderoso, y esto significa un olvido del mal. Hay personas que sufren condiciones de pobreza porque sus mentes están llenas de recuerdos de pérdidas y fracasos. Si piensas en la pérdida, produces lo que piensas. A veces, no es una meditación sobre la pérdida de dinero y cosas, sino sobre la pérdida de amigos, o de reputación, o de algún otro bien que aparentemente no tiene relación con el bienestar financiero de uno.

Sócrates dijo: "El que se lamenta mucho es un imán que atraer la pérdida de bienes". Deja de lamentarte o de albergar recuerdos tristes de cualquier tipo. Una estudiante de la verdad tuvo una revelación sobre la causa de sus fracasos, al escuchar estas palabras de Sócrates. Pudo rastrear el comienzo del largo tiempo de mala suerte hasta el día en que quedó abrumada por la pérdida de un querido hijo. Ella se afligió y se lamentó, aunque estaba en la verdad y sabía que no era leal a sus principios al continuar con tal indulgencia. Pero con este despertar, decidió dejar de lado su dolor y recordar que su hijo vivía por toda la eternidad, y ya no negar más la presencia del Todopoderoso. Y desde el día de esa resolución, sus asuntos revivieron, de modo que hoy tiene una conciencia profundamente arraigada del suministro eterno de Dios y lo demuestra a diario.

Nuestro pensamiento es asistido por nuestra palabra, así que dejemos que nuestra determinación sea hablar del lado positivo y abstenernos de hablar de "tiempos difíciles" y "escasez de dinero" y otras formas de dificultades financieras.

La propia persona determina el carácter de los tiempos por su actitud mental. El individuo controla el dinero, puede hacerlo libre o congestionado a voluntad y, en ocasiones, una persona puede ser la clave de toda una situación, continuando el "atasco" por su propia rigidez, o provocando un flujo fácil por su soltura.

Para ilustrar la diferencia que supone para un individuo el hecho de hablar de "tiempos difíciles" o simplemente abstenerse de hacerlo, un caballero me contó la siguiente experiencia real:

Había dos comerciantes en un pueblo del sur de California, ambos en un estado floreciente, hasta que vino una época de pánico financiero que puso a prueba el carácter de cada uno. Uno de ellos hablaba de las quiebras de los bancos y del sombrío panorama, el otro estaba lleno de seguridad de que no podía durar, solo tenía respuestas alegres a todas las especulaciones pesimistas y nunca se permitía hablar del lado negativo.

A unos treinta kilómetros de esa ciudad, vivía un joven en un rancho que estaba construyendo, y que dependía para vivir de una remesa mensual que le llegaba de su casa en Inglaterra. Él no sabía nada de lo que ocurría en el resto del mundo, ya que no tenía periódicos y solo recibía el correo cuando iba a la ciudad, lo que ocurría en largos intervalos de tiempo. En esas visitas siempre llevaba una buena reserva de provisiones.

En plena época de pánico, fue a la ciudad, se detuvo en la tienda del comerciante optimista y "se abasteció" abundantemente. Luego se dirigió a la tienda del otro comerciante, donde tenía la intención de comprar con la misma libertad. Encontró a ese comerciante parado en su puerta y expresó su preocupación por la escasez de clientes. Entonces el comerciante se lanzó con su historia de aflicción, lo cual afectó tanto al joven que dejó de hacer más compras y pronto partió hacia su rancho, resuelto a guardar su dinero, aunque en ese momento Inglaterra no se conmovía en lo más mínimo por las restricciones locales de América. Y contó que el optimista atravesó los tiempos difíciles con poca caída, mientras que el otro comerciante no recuperó su antiguo estatus sino hasta mucho después de que el pánico había pasado.

Es tan insensato que las personas retengan su dinero en tiempos de dificultades financieras nacionales, como que el automovilista apague su motor antes de subir una colina. Pero qué podría cambiar esta acción natural de autoconservación, sino la percepción espiritual y la consideración por el bienestar del prójimo, igual a la consideración por el propio.

Deben sacarse de la mente tres formas dominantes de pensamiento carnal: (1) la creencia en el mal; (2) en la materialidad; (3) en el ser mortal. Además, diariamente deben tomar su lugar tres ideas espirituales dominantes: (1) la creencia en el Bien-absoluto; (2) en la Mente como la única sustancia y causa; (3) en el Ser-Dios como Todo en Todo.

El poder de dejar de lado la propia personalidad humana, mediante la realización del Ser que es divino, se llama Mansedumbre. Esta palabra no es comúnmente entendida, siendo por lo general asociada con la debilidad y la falta de espíritu. Sin embargo, nadie puede ser verdaderamente manso si no es fuerte y con coraje.

Moisés ha sido citado como el ejemplo más notable de la mansedumbre que hereda la tierra. Lleno de fuego y cargado de poder, no lo utilizó para su propio beneficio personal, sino que deseaba que todos estuvieran en el mismo lugar que él había alcanzado. Uno de sus seguidores, Josué, una vez se puso muy celoso de la gloria y el poder de su maestro, y pidió permiso para impedir que ciertos jóvenes del campamento profetizaran, porque no habían sido ordenados para esa labor por el gran Moisés. Pero el fuerte hombre respondió a su discípulo con estas nobles palabras:

"¿Tienes celos por causa mía? ¡Ojalá todo el pueblo del Señor fuera profeta, que el Señor pusiera su Espíritu sobre ellos!" (Números 11:29)

Hay personas que no avanzan hacia su prosperidad, porque están muy llenas del egoísmo terrenal —todo el tiempo pensando en sus derechos, buscando exaltarse a sí mismas y exigiendo el reconocimiento de los demás por su rectitud y capacidad. El orgullo les impide hacer trabajos para los que están especialmente capacitados, y que podrían honrar y exaltar, si entraran en ellos con el espíritu adecuado. El egoísmo los hace insoportables para los demás, incluso para aquellos que en otras circunstancias estarían encantados de prosperar con ellos. La envidia los hace amargados e incluso maliciosos en sus acciones y palabras, de modo que las personas que están en posición de elegir a sus asociados, los evitan. La codicia y la avaricia les hacen extralimitarse en la valoración de sus bienes, por otra parte, el miedo puede hacerlos correr hacia el otro extremo y subestimar su trabajo y rebajarse. La ambición los ciega y, después de muchos fracasos, los deja estancados, revolcándose en el pesimismo y la pobreza. Todo porque no supieron desprenderse de ese ego mortal, del "pequeño yo" y así entrar en el poder de su poderosa mansedumbre.

La mansedumbre es la liberación del orgullo, la envidia, la codicia y el egoísmo. Es un cierto vacío que tiene un maravilloso poder de atracción.

El principio de mansedumbre es el mismo que el del vacío. Es lo que mantiene todo el bien en circulación. Lo que el vacío es en la naturaleza, la mansedumbre es con la rica sustancia de Dios. Sin el vacío, que exige continuamente ser llenado, los movimientos de la naturaleza cesarían. Es el vacío lo que lleva el aire a los pulmones, lo que hace subir la savia a los árboles. Y en la mecánica es el secreto de la útil bomba y de la poderosa máquina de vapor. ¡Oh, el misterio del vacío! ¿Quién puede comprenderlo?

Incluso teniendo solo un poco de esta mansedumbre, las personas se han enriquecido. Es la clave de la prosperidad de muchos "que triunfan por sí mismos". Con pequeños comienzos, sin dejar que el orgullo se interponga en su camino, han avanzado firmemente, a menudo libre de envidia ante el éxito de otros, e incluso, cuando están en la cima, siguen tan libres de vanidad como para hacer cosas de poca importancia, si la exigencia lo requiere, y no sentirse rebajado por nada de lo que haga. Sin embargo, puede perder esa mansedumbre, puede olvidarla y dejar que el orgullo y el egoísmo detengan su desarrollo, todo porque su mansedumbre no estaba basada en el conocimiento, sino que era un regalo inconsciente de su Ser-Dios.

Cuando la mansedumbre dada por Dios continúa a través de la vida, entonces la prosperidad de uno incluye, junto con las riquezas, gran honor y posición. Al mundo le encanta honrar al individuo que se pierde a sí mismo en la causa que defiende. Fue esta cualidad en el General Grant la que hizo que el mundo honrara a los Estados Unidos, al honrarlo a él. Su silencio, su ausencia de egoísmo, su modestia y su ausencia de toda exigencia, abrieron de par en par las puertas a la afluencia de alabanzas y regalos. El mundo estaba a sus pies. Solo le faltaba el conocimiento de Cristo para situarse para siempre fuera del alcance del fracaso.

La plena mansedumbre del Cristo se establece en la conciencia, que es la valoración correcta. En ella siempre se busca primero el reino de Dios, y hay una perfecta liberación de la búsqueda de las cosas materiales. Ellas lo siguen, lo buscan. Él no necesita correr detrás de ellas, son atraídas hacia él tan fuertemente como el acero hacia el imán, porque él tiene la Sustancia de la cual ellas son la sombra. Los que persiguen las cosas materiales siempre las pierden, y no es hasta que no les importa, e incluso pueden haber olvidado su ardiente deseo por ellas, que llegan y se instalan en su mundo. El Talmud dice: "Quien corre detrás de la grandeza, la grandeza huye, pero quien huye de la grandeza, la grandeza corre detrás".

Convierte ese rico deseo natural tuyo en reconocimiento de que no hay nada que realmente debas perseguir. Todo lo que has buscado, todo lo que vale la pena tener, ya lo tienes, ya lo eres. ¡Despierta! ¡Levántate! Regresa a ti mismo y descansa en la gran verdad de los tiempos, que el único deseo de nuestro corazón es, y siempre ha sido, DIOS. Y tenemos a Dios, y somos Dios. Porque no hay nada más que tener o ser.

Percibiendo esto, cumples los mandatos de antaño por la misma alegría, "obedeciendo diligentemente la Voz del Señor" dondequiera que se pronuncie, en los labios de los necios o en los oráculos de los maestros, en el canto del pájaro o del poeta, en el estruendo del terremoto o en la pequeña voz interior. Y siempre escuchando y obedeciendo, la profecía se cumple en tu vida:

"Y todas estas bendiciones vendrán sobre ti, y te alcanzarán".
"Bendito serás en la ciudad, y bendito serás en el campo".
"Benditas serán tu canasta y tu provisión"
"Bendito serás cuando entres y bendito serás cuando salgas"
"El Señor te concederá abundancia de bienes, en el fruto de tu vientre, en el fruto de tu ganado y en el fruto de tu tierra"

"El Señor abrirá para ti su buen tesoro, los cielos, para dar lluvia a tu tierra a su tiempo y para bendecir toda la obra de tu mano" (Deuteronomio 28: 2, 3, 5, 6, 11, 12)

ℭℛ

Junto con la meditación dada al final de la última lección, medita diariamente sobre lo siguiente, aprendiendo las palabras de memoria y repitiéndolas, hasta que haya una respuesta emotiva dentro tuyo en cada repetición:

Yo Soy el que soy, la rica fuente de tu abundante suministro dentro de ti. Por el poder del Espíritu, mi rica sustancia ahora se desborda en cada avenida y expresión de Vida.

Mi presencia y mi poder, trabajando todas las cosas para el bien, se siente y se ve en todo lo que pones tu mano.

Yo Soy el que Soy, tu Mismo Ser, llenando todo tu ser y todo tu mundo. Donde está el Yo Soy, solo hay Bien, y por eso declaro que no hay lugar en todo el ser para el mal; nunca puede haber ningún fracaso; no hay nada que temer.

Donde está el Yo Soy, solo hay Espíritu puro, Mente Divina, la rica Sustancia eterna de Dios. Por lo tanto, declaro la nada de las cosas materiales. No tienen poder para atraerme o atarme. No conozco la codicia de las posesiones. Tengo todo lo que es real, y no codicio nada que sea pasajero.

Donde está el Yo Soy, solo hay Amor que ama y da a Todo, por lo tanto, yo no conozco la envidia ni los celos, ni el orgullo ni el egoísmo.

"Vengan a mí todos los que están cansados y agobiados, y yo les daré descanso".

"Lleven mi yugo sobre ustedes y aprendan de mí, que soy manso y humilde de corazón, y hallarán descanso para su alma".

"Porque mi yugo es fácil y ligera mi carga".

3

CONFIANZA A TRAVÉS DEL CONOCIMIENTO DE LA VERDAD

"Asegúrate de que estás en lo correcto, y luego sigue adelante".

"Porque has pedido esto... te he dado un corazón sabio y entendido... y también te he dado las cosas que no pediste, riquezas y gloria" (Reyes 3:11, 12, 13).

Uno de los factores más esenciales para la prosperidad es la confianza: la confianza en uno mismo y en los demás, la confianza en el resultado de una tarea y la seguridad de que uno está en lo correcto y está destinado a ganar. Sin esta profunda fe interna, no se puede obtener la confianza de los demás y, por lo tanto, la cooperación de todos aquellos cuya ayuda y apoyo pueden dar una posición real en el mundo de los negocios.

Todo trabaja para aquellos que "saben en quién han creído" y que tienen grandes principios para la base de su confianza en sí mismos, y en su emprendimiento.

El crédito es uno de los mayores factores comerciales en el mundo actual, si no el mayor. Sería imposible llevar a cabo el comercio y el intercambio que son tan generales, activos e inmensos en todo el mundo, si no fuera por el gran sistema de crédito. No hay suficiente dinero acuñado para ser el medio de intercambio necesario y equivalente a la cantidad de negocios que se realizan incluso en un día, ni hay tiempo o facilidades para realizar los intercambios que incluso los bancos requerirían, si de repente se eliminara todo el crédito de los negocios.

El crédito es tan potente que se sabe que incluso el toque del dobladillo de su prenda ha salvado a una persona de la muerte financiera. Se cuenta una historia sobre el poder que los Rothschild ejercen en el reino del crédito: una vez un hombre cuyo negocio estaba al borde de la ruina, pero que, con un poco de contención por parte de sus acreedores, podría pasar por la crisis de sus asuntos, acudió a uno de los grandes Rothschild (que lo conocía poco, pero creía en su historia) para que le diera una palabra, un aval, un préstamo, algo que lo condujera a través de los peligrosos aprietos. El gigante-financiero le dijo:

"Amigo mío, tengo que hacer una diligencia en la calle, solo toma mi brazo y camina conmigo".

Y así, como íntimos amigos de negocios, pasaron entre los corredores de bolsa de París. Eso fue suficiente. Sus acreedores suspendieron sus reclamos, la crisis se superó y el negocio del hombre se salvó. Fue el pensamiento el que hizo el trabajo, el mayor poder del mundo.

Saber cuándo tener confianza, dónde depositarla y cómo conservarla, son algunas de las interrogantes. Hay quienes no tienen éxito por una indebida cautela y una falta de confianza. O, al dar el crédito, les ha faltado juicio, o han tratado con mano floja, o se han esclavizado a causa del miedo.

Luego están los que piensan que no pueden confiar en nadie, que todas las personas son deshonestas, y que no confiarán en nadie hasta que haya demostrado que es digno de confianza. La experiencia ha sido su dura y amarga maestra.

En este mundo de apariencias, hay dos tipos de confianza, una positiva y otra negativa. Esta última es la confianza del ignorante y, a menos que llegue la sabiduría y el entendimiento, la suya puede resultar incluso una confianza falsa que finalmente desaparecerá, y debe desaparecer. La inocencia puede confiar y estar justificada, porque la inocencia es divina. Ignorancia e inocencia no son sinónimos, como algunos suponen; no hay inocencia perfecta que no se base en el conocimiento intuitivo. Es cuando la inocencia comienza a mezclarse con el conocimiento mundano cuando se produce el fracaso. Entonces, su confianza en las personas se convierte en una simple mirada a lo mortal, y su confianza en Dios consiste en un ser lejano, con parcialidades y de carácter incierto. Pronto su fe es puesta a prueba, y no puede resistir porque su conocimiento, siendo de naturaleza mundana, es según las apariencias, y no tiene fundamento real.

La verdadera confianza, la confianza positiva, que nada puede arrebatarte, es la confianza en la Divinidad de todos y de todo. Confías en ti mismo, porque dejas que tu Ser Divino te guíe. Sabes que el Señor en ti puede hacer todo, y dejas que su sabiduría te dirija y te dé habilidad e intuición, inspiración y entendimiento. Si hasta ahora te ha faltado confianza, es posible que debas recordarte a menudo sobre Aquel en quien confías. O, si tu antigua confianza era una especie de autoconfianza audaz, pero débil, cuando pases como el apóstol Pablo, de la antigua audacia a la nueva confianza mansa, pero fuerte, será bueno decir:

"Todo lo puedo en Cristo que me fortalece" (Filipenses 4:13).

Esta es la Sabiduría de la que Salomón cantó y escribió, cuyo precio es mayor que el de los rubíes:

"Porque su ganancia es mejor que la ganancia de la plata, y sus utilidades mejor que el oro fino" (Proverbios 3:14).

Fue este entendimiento, el que trajo a ese rey todas sus riquezas y honor. Con él, no puedes ser pobre. Con él se descubren minas de rico mineral. De él surgen oportunas invenciones. Los secretos de la naturaleza vienen con él. La visión de los negocios, el juicio sobre la eficiencia humana, las valoraciones correctas sobre la tierra y las mercancías, son algunos de sus dones. La clase de ventajas que se acumulan con el entendimiento divino, es demasiado larga y universal para ser escrita en estas lecciones, solo prueba y observa.

Con esta luz, buscas la divinidad en todos, incluso en los deshonestos, y ese Uno saldrá a la luz. Al tener tu ojo únicamente en ese Uno, también serás capaz de discernir en cuanto a los errores que lo ocultan, y no habrá confusión en tu mente en cuanto a la naturaleza humana. No pondrás tu "confianza en la carne" ni "en príncipes", sino siempre en Aquel que es digno de confianza. Asegúrate de que el Señor está de tu lado. Tu sentido de la justicia es lo suficientemente agudo para ello. La ética de los negocios no es diferente a la de los demás. Los negocios no son negocios si el Espíritu queda fuera. Es solo un Moloc muerto y frío que al final consumirá lo más hermoso y querido que tengas en la vida. Si abandonas los prejuicios no te hundirás, sino que te elevarás en las alas de tu divinidad, una ley para ti mismo, y el Supremo Benefactor de toda la raza humana.

Algunas personas buenas temen ser ricas, por temor a caer en la trampa de las riquezas y perder el camino hacia la felicidad eterna. Aprende a rezar para que "no caigas en las tentaciones" de ningún don de Dios. El Espíritu puede protegerte de toda responsabilidad, si solo lo recuerdas. El dicho: "Cuán difícilmente entrarán en el reino de Dios los que confían en las riquezas" (Marcos 10:24), se aplica tanto a los pobres como a los ricos, porque hay muchos pobres que trabajan bajo la ilusión de que serían completamente felices si solo fueran ricos. Es nuestra actitud hacia las riquezas lo que determina si son una piedra de tropiezo o no. Buenas personas, busquen en las Escrituras y recojan los numerosos textos que demuestran que las riquezas pertenecen a los justos ¡No se engañen más pensando que Jesús era pobre! En cualquier momento él podría haber tenido toda la riqueza del mundo a su disposición. Compara dos afirmaciones que hace Pablo sobre el Maestro en cuanto a su pobreza y su pecado, que ambos no eran más que una apariencia:

"Al que no conoció pecado, lo hizo pecado por nosotros, para que fuéramos hechos justicia de Dios en él" (2 Corintios 5:21).

"Porque conocen la gracia de nuestro Señor Jesucristo, que siendo rico, por amor a ustedes se hizo pobre, para que por medio de su pobreza ustedes llegaran a ser ricos" (2 Corintios 8: 9).

No es el dinero la raíz de todos los males, sino el amor a él. Deja que el dinero no sea nada para ti; y no hablemos de "querer ser ricos por el bien que podríamos hacer", más bien veamos que queremos ser ricos porque es justo, pertenece a las hijas del Rey y a los príncipes de Dios.

En toda nuestra vida nunca debemos perder la fe o tener dudas. De acuerdo con el Maestro, la persona que "no duda en su corazón", lo que diga "le será hecho" (Marcos 11:23).

La fe es la perseverancia, que se basa en el conocimiento de que "este bien es para ti, y puedes tenerlo". Cuando Jesús quiso ilustrar la fe que vence, eligió un ejemplo de perseverancia, que ganó su camino por su propia naturaleza, y no por justicia, o amor, o cualquier otra razón. Cita el caso de un juez que no temía a Dios ni respetaba al hombre; y se le acercó una viuda, pidiendo que se le hiciera justicia por una determinada causa. Al principio el juez no le prestó atención, pero la viuda lo molestó tanto con sus decididas demandas, que al final cede a la viuda, "no sea que por venir continuamente me agote la paciencia".

Con esta analogía, el Maestro daba a entender que existe una Ley por la que uno puede recibir lo suyo, aunque ni el mérito ni el amor hayan conseguido hacérselo llegar. Otra parábola peculiar para ilustrar este poder de la oración persistente se da en Lucas 11:5 al 10, "a causa de su importunidad".

Cuando te sientas tentado a quejarte y decir: "Siempre he tratado de hacer lo correcto y de ser bueno, y nunca le he hecho daño a nadie; ¡no veo por qué debo ser tan pobre y sufrir tanto!" Cierra los labios antes de que esa expresión pueda salir, y eleva tu mente por encima de la ley de causa y efecto, de recompensa y castigo, y apodérate del pensamiento:

"Mi Bien es para mí, lo merezca o no, y puedo tenerlo ahora, y lo tengo en este momento en el Espíritu, y ahora, puede manifestarse".

Una vez, una joven llegó a San Francisco desde un pueblo rural, huérfana y sin amigos, deseando conseguir trabajo. Pronto descubrió que su falta de experiencia en el trabajo la perjudicaba notablemente. Ella era poco atractiva y carente de tacto, silenciosa y apagada. Pero tenía una tenacidad maravillosa. Al final consiguió un puesto en la Casa de Moneda de los Estados Unidos, algo muy difícil de conseguir, a no ser que se tenga un excelente respaldo. Permaneció allí tres años, porque su patrocinador político era un hombre muy influyente. Un día, alguien le preguntó sobre su carácter personal, y ella respondió: "Sé poco, o nada, sobre él, más allá de las breves conversaciones que tuve con él antes de conseguir mi puesto". Y entonces contó su sencilla historia de cómo tuvo éxito, donde cientos habían fracasado.

Cuando se enteró de que había mujeres trabajando en la Casa de la Moneda, se dirigió al superintendente para pedirle un puesto. Era un hombre educado, y le contestó cortésmente que no había vacantes. Al cabo de unos días volvió a solicitarlo. Al recibir la misma respuesta, dejó un sobre con su dirección, pidiendo al Superintendente que le avisara cuando hubiera una vacante. A partir de entonces, se presentó varias veces, cada ciertos días. Al final, el superintendente debió de compadecerse de su ignorancia, y tal vez admirar su sencillez, porque se dignó a explicarle que sin "influencia" —el respaldo de algún estadista u otro hombre de gran poder o posición pública— no podría ser aceptada. Ella le pidió que le nombrara a alguien así. Resulta que ese mismo día había llegado a la ciudad un congresista. Ella fue a verle, se tomó en serio sus promesas engañosas, y rondó su despacho día tras día, hasta que por fin, para librarse de ella, escribió la carta que le dio el puesto. Es la historia de la viuda y el juez repetida. (Lucas 18: 2-7).

Muchos hombres y mujeres han tenido éxito simplemente gracias a una fe tan sencilla. No ha sido por el simple hecho de ir, ni por una atrevida molestia impertinente; ni por una agresividad común, sino por una profunda confianza infantil que tomaba a cada uno por su palabra y no conocía el fracaso. Es prudente nunca acercarse a otra persona con la idea de no tener éxito. Si tienes esa impresión, recupérate de esa falta de fe de tu parte o no intentes ver a la persona.

La fe en la buena voluntad de las personas, cuando se basa en tu respeto por su verdadero Ser, a menudo les obliga, por su propia paz mental y respeto a sí mismos, a mostrar su mejor lado. La ley está tan bien reconocida hoy en día en el comercio, que los dependientes y otros empleados están siendo educados por sus empleadores para dar la bienvenida a todos con una cara agradable y, ya sea que los clientes compren o no, sean educados o no, ellos deben ser invariablemente corteses y agradables. Esto es un buen sentido común de los negocios.

Un conocido comerciante de Chicago hizo imprimir la siguiente frase y la distribuyó libremente entre sus clientes y empleados, como la "idea" que rige su gran tienda:

"Hacer lo correcto en el momento correcto, de la manera correcta; hacer algunas cosas mejor de lo que se han hecho antes; eliminar los errores; conocer ambos lados del asunto; ser cortés; ser un ejemplo; trabajar por amor al trabajo; anticiparse a las necesidades; desarrollar recursos; no reconocer ningún impedimento; dominar las circunstancias; actuar desde la razón en lugar de la regla; no estar satisfecho con nada menos que la perfección".

La culminación y el sellado de la confianza eterna en uno mismo, en el prójimo y en el mundo, residen en la realización de la verdad de estos dos pensamientos maestros:

1. Que tu riqueza es una bendición para toda la creación.
2. Que es la voluntad del Dios verdadero, que seas un gran éxito, tanto en la tierra como en el cielo.

Es necesario que desaparezca el antiguo pensamiento de que uno no puede ser rico sino a expensas de su prójimo, al igual que toda práctica que haya tenido ese pensamiento como base. La verdadera prosperidad se suma a la riqueza de toda la tierra, como el beneficio conferido por el ser humano que hace crecer dos árboles donde antes solo crecía uno. La creencia parasitaria de prosperar gracias a los sacrificios de otros no tiene cabida en la mente que piensa la verdad. Mi beneficio es tu beneficio, tu éxito es mi bienestar, debe ser la base de nuestra riqueza.

Es la voluntad divina que seas un ser autosuficiente, autosustentable, fuerte, recto, eficiente, un ser noble del reino de Dios, capaz de dominar todos los elementos y de utilizar y embellecer toda la creación, mediante el conocimiento del Ser y la unión con Dios.

Fue la desobediente visión humana hacia el Señor la que lo juzgó como el amo austero y severo de los pobres esclavos. Ahora sabemos que no honramos a Dios con tal visión, sino que lo vemos como él es, el amante de todo; el Dios verdadero, que quiere que todos entren en la alegría y la libertad, mientras están en la tierra, cooperando con la única Voluntad que existe, que busca siempre y en todo lugar el Bien y la Felicidad del todo.

4

INSPIRACIÓN EN EL TRABAJO

"Todo lo que tu mano encuentre para hacer, hazlo según tus fuerzas" (Eclesiastés 9:10)

"No por el poder ni por la fuerza, sino por mi Espíritu, dice el Señor de los ejércitos" (Zacarías 4: 6)

Cada ser humano es un dínamo de energía creativa concentrada, siempre buscando avenidas de expresión. Y cuando se han encontrado las avenidas correctas, y no hay nada que impida la libre y plena manifestación de esa energía, entonces se realiza la alegría celestial, y continúa a medida que los frutos de esa obra regresan y glorifican su fuente.

El trabajo es divino, y todo aquel que es normal en mente y cuerpo, ama el trabajo —no el esfuerzo, sino el trabajo— porque hay una distinción entre esfuerzo y trabajo. El trabajo es la actividad creativa de Dios, agradable, unida al amor, inspirada, una con el juego y una con el descanso. El verdadero trabajo está sujeto a nuestra elección, nunca es obligatorio ni está limitado por el tiempo o el espacio. Se hace de corazón y no hay maldición sobre él, porque el trabajador obedece a la voz interior y siempre busca su aprobación en todo lo que hace. Pero el esfuerzo es trabajo mezclado con falsos pensamientos y sentimientos, por lo tanto, sus frutos no son la felicidad y la libertad.

Es la ignorancia de su origen divino, y la vida no espiritual, lo que lleva al individuo al lugar donde debe laborar con el sudor de su frente, convertirse en esclavo de otros, y tener sobre él imposición, crueldad e injusticia. Para escapar de la miseria y de la degradación del esfuerzo brutal e indeseable, el individuo debe adquirir conocimientos sobre sí mismo y sobre sus semejantes, y sobre todo, conocer al verdadero Dios, y la razón de la venida de Jesucristo, y el Camino para vivir su Vida.

Las personas pueden cambiar sus entornos y sus jefes, pueden buscar un nuevo trabajo y hacer nuevas leyes, pero mientras se contenten con sentarse en la oscuridad espiritual e ignoren al Dios interno, el problema del esfuerzo seguirá sin resolverse. Los sistemas sociales y económicos surgen de la visión humana sobre la vida, y las pasiones que los dominan. Si estas son radicalmente erróneas, entonces los sistemas son falsos. Solo cuando los ideales de Cristo se mantengan en la mente y las pasiones humanas, tanto de los pobres como de los ricos, se aparten del poder terrenal y el dinero, podrán surgir nuevos sistemas, promulgarse leyes verdaderas y desaparecer la maldición del antiguo orden.

Cada uno tiene un trabajo afín; es aquel que puede realizar con mayor felicidad y éxito; en el que puede sentirse en sintonía con su propia alma, y con las almas de sus semejantes. El camino más directo hacia ese trabajo es la Regla de la Palabra. Para el novato en métodos espirituales, esto necesitará explicación y ampliación.

En primer lugar, comprendamos y convengamos en esto: que Todo es Mente; que la materia y el movimiento, los dos componentes en los que los científicos clasifican todas las partes y frases de la creación, son, en otras palabras, materia mental y su juego sobre sí misma —en lo Supremo, la Sustancia de Dios y la Obra de Dios.

El pensamiento es mente en movimiento, y cada actividad en esta tierra comenzó como un pensamiento secreto. La naturaleza de una actividad puede determinarse por la calidad del pensamiento que la originó y los pensamientos que la siguieron y que fueron sus modificadores. Cuando un pensamiento sale de la abstracción a la forma definida de una palabra, es como la electricidad capturada, y puede ser conservada, dirigida y utilizada a voluntad de su hablante.

Como los moldes de hierro determinan las formas del metal fundido que se vierte en ellos, así también la Palabra decide la forma externa que han de tomar los pensamientos en el reino de las apariencias.

Como los moldes siguen el modelo de ciertos ideales en la mente de su creador, nuestras palabras deben ser pronunciadas desde nuestra conciencia superior, los ideales celestiales que ahora son verdaderos en Dios. La Regla de la Palabra es hablar siempre, en tiempo presente, la Verdad tal como es en Dios, empleando afirmaciones positivas solo con el Bien, y declaraciones negativas en cuanto al mal. Es mirar a la Palabra como el medio designado por Dios para hacer visible nuestro Bien, que todavía parece invisible a nuestros sentidos terrenales.

Existe una línea directa entre tú y el trabajo que deseas realizar, el puesto que mejor puedes ocupar. Esa línea permanece siempre igual y te mueves a lo largo de ella por el poder de tu Palabra Verdadera, y la Verdad que dices es la que se aplica a tu Ser divino, que está siempre en su lugar correcto y haciendo su trabajo armonioso y feliz.

Siguiendo esta Regla declaras:

"Yo estoy ahora en mi lugar correcto".
"Yo estoy ahora haciendo el trabajo que me gusta hacer".

Según las apariencias, estas palabras pueden parecer falsas. Pero no estás hablando desde ese punto de vista, sino desde el reino de lo Real. Puedes decir: "Si las palabras son tan poderosas, ¿no me mantendrán esas afirmaciones en mi posición y trabajo actuales, que son tan poco deseables?"

No, a menos que esa posición y ese trabajo se transformen por completo y se vuelvan verdaderamente representativos de tu actividad y estado celestial. Esto ocurre a veces bajo la Palabra.

A medida que continúas reuniendo pensamientos espirituales y gobernando tu habla mental silenciosa, así como tus palabras audibles, de acuerdo con los ideales más elevados, puedes descubrir que estás donde estás para redimir ciertos rasgos de carácter que militan contra tu avance espiritual y, por lo tanto, interfieren con tu prosperidad terrenal también. Entonces serás sabio al entregarte fervientemente a la Presencia Divina para que te mueva y te ubique, justo cuando y donde la Voluntad Soberana lo decrete, mientras aún sostienes la Verdadera Palabra.

Al hacerlo uno se ahorra muchas experiencias innecesarias, incluso dolorosas, resultado de la interferencia de la naturaleza no regenerada.

A menudo uno no sabe cuál es el trabajo que más le conviene, o incluso puede sentir que todavía no está capacitado para el trabajo que más le atrae; en cualquier caso, el abandono de Cristo a la Voluntad Divina es sabiduría, y la confianza perfecta en el amor de nuestro Padre celestial, el camino más seguro hacia aquello que constituye nuestro éxito supremo.

Elimina todo pensamiento falso del trabajo en el que estás comprometido, y ya seas empleador o empleado, medita a menudo en pensamientos como estos:

Yo no puedo cansarme de hacer el bien. No puedo trabajar en exceso. Ningún mortal puede esclavizarme.

Ninguna persona o institución puede atarme. Yo soy valiente y libre. Ningún sistema falso puede utilizarme o abusar de mí, soy el ser libre de Dios, yo soy el ser noble de Dios.

Yo no me esfuerzo "por el alimento que perece, sino por el alimento que permanece para vida eterna, el cual el Hijo del Hombre me dará". Nada es laborioso para mí. No soy un asalariado. El dinero no es un objetivo para mí.

Yo sirvo al Señor en todo, con amor, fiel y abundantemente, y confío en el Señor en Todo para servirme rica, honorable y verdaderamente.

Yo soy redimido de toda maldición del esfuerzo. No estoy atado al deber.

En secreto, así como abiertamente, hago lo mejor que puedo. Todo mi trabajo se basa en el honor.

La competencia no es nada para mí. El éxito de otro no puede quitarme mi éxito. Lo mío viene a mí. Yo no tengo rivales. No conozco enemigos. Me alegro del éxito de mi prójimo.

La calumnia no puede dañarme, porque no envidio a nadie. La amargura y la lucha no tienen lugar en mis asuntos. Solo los elementos de armonía pueden entrar en mis asuntos. Atraigo hacia mí a los que aman la verdad y el honor.

Yo no temo la carencia de mis seres queridos. Ellos atraen la prosperidad igual que yo. Gravito hacia la posición y el trabajo más elevados, más valiosos, más útiles y más felices, que ahora puedo cumplir para el honor de la humanidad y la gloria de Dios.

Emerson señala en la obra Leyes Espirituales: "Cada uno tiene su propia vocación. El talento es la llamada. Hay una dirección en la que el espacio está abierto para él. Tiene facultades que le invitan silenciosamente a un esfuerzo sin fin. Es como un barco en un río; corre contra los obstáculos en todos los lados excepto en uno; en ese lado todos los obstáculos son eliminados y navega serenamente sobre las profundidades de Dios en un mar infinito. Al hacer su trabajo, hace sentir la necesidad que él puede suplir. Crea el gusto por lo que se disfruta. Provoca las necesidades que puede atender. Al hacer su propio trabajo, se despliega a sí mismo".

Cuando alguien no tiene ninguna posición y todo está pidiendo a gritos en él, y a través de sus seres cercanos y queridos, el sustento que todavía siente que debe venir por la ley de causa y efecto, ya que todavía no tiene reconocimiento del Absoluto, ¿qué hacer entonces?

La misma Regla de la Palabra se aplica a él, como a los demás, pero más que nada, que atienda al Espíritu de servicio rico y a la guía divina dentro de él. Tal vez ha corrido demasiado de un lado a otro, lanzándose en la extenuante búsqueda de trabajo, y teniendo todo el tiempo la sensación de la inutilidad de ello. Entonces es prudente quedarse, como María de Betania, "en casa" hasta que llegue el mensaje interior: "El Maestro está aquí y te llama". La experiencia de un estudiante de la Verdad es el mejor ejemplo para transmitir esta enseñanza:

Un hombre, cuya esposa había sido sanada de un severo caso de reumatismo, había estado sin trabajo durante mucho tiempo debido a su inclinación por el alcohol. Esto, no solo había causado su destitución de muchos puestos buenos, sino que había atraído sobre él las más amargas acusaciones de su último patrón, quien había sufrido ciertas pérdidas a causa de sus fallas. Este "Capitán" (así lo llamaban) lo maldijo y le dijo que no volviera a asomar la cara por su negocio (el del capitán).

Pero el hombre había sido completamente curado de su intemperancia, gracias a los tratamientos espirituales de su esposa, y había abandonado para siempre todo apetito por el licor. Sin embargo, iba de un lado a otro de la ciudad en busca de trabajo, pero nadie lo quería tomar porque, como le decían: "Ya habías dicho antes que no volverías a beber. No podemos confiar en ti".

La esposa intentaba ayudar con su palabra, pero como era nueva en el pensamiento necesitaba más instrucción, de modo que vino a preguntarme qué hacer a continuación.

—Ella dijo: "Ha ido a todos los sitios que conoce y está dispuesto a ir a más, sin embargo, siente que no servirá de nada y que debe haber otro camino".

Ya que estaba empezando a tener esta impresión, le dije:

—Ahora está listo para 'quedarse quieto y ver la salvación del Señor'. Que no vuelva a salir de casa por trabajo, a menos que tenga una fuerte impresión desde adentro, y que pronuncie la Palabra: "Yo tengo mi verdadera posición, ahora estoy en mi trabajo correcto".

ANNIE RIX MILITZ

Así lo hizo. Se requería fortaleza y fuerza de carácter para cumplirlo. Pero conocía lo suficiente los principios de la Verdad como para confiar y esperar.

A los pocos días, el correo trajo una carta de ese mismo capitán, al que no se había atrevido a ir después del terrible despido que había recibido, redactada en un lenguaje cortés, diciendo que había oído que él (el hombre) había estado buscando un puesto y que había una vacante en su antiguo lugar, si deseaba volver. Aceptó el antiguo puesto, en el que permaneció muchos años, hasta que finalmente se dedicó a su propio negocio.

Llena el corazón y la mente con el deseo de servir, sin importar si hay reconocimiento de tu valor o una recompensa justa por tu buen trabajo, y se acumulará dentro de ti una rica cualidad, la cual siempre puede ser percibida por un individuo de una amplia visión, haciéndole respetar tu aplicación incluso ignorando las demandas comunes.

Un exitoso hombre de Vancouver, quien asistía a un curso de prosperidad que yo impartía en esa ciudad, me dio un ejemplo del éxito de este método en su propia experiencia como empleador: Unos días antes, mientras cargaba, o más bien supervisaba la carga, como estibador, de un gran número de barcazas con madera, dos hombres se le acercaron, uno tras otro, pidiendo trabajo. No era raro y habría pasado desapercibido, puesto que les dijo que tenía a todos los hombres que necesitaba, excepto por dos incidentes. El primero fue que ambos hicieron lo mismo, aunque no se conocían. Después de recibir el breve y rápido despido del estibador, que estaba muy

48

ocupado con una orden, el primer hombre fue y se sentó en una pila de madera para observar a los trabajadores; el segundo hizo lo mismo, sentándose cerca del primero. Cuando una gran carga estaba siendo girada por una torre de perforación, comenzó a resbalar, y el estibador gritó a los demás hombres para que acudieran al rescate. Algunos se mostraron activos, otros lentos, y cuando el estibador pidió más ayuda, el hombre que había sido el segundo en pedirle trabajo, se adelantó con el resto y dio lo mejor de sí mismo, no solo en ese momento, sino que continuó trabajando durante el resto del día. Al final de la jornada, el estibador le tocó el hombro y le dijo: "¡Ven mañana, hombre, quiero hombres como tú!". Al día siguiente le dio el puesto, con el pensamiento de que vigilaría a aquel hombre. Mientras que el primer solicitante se perdió para él como un guijarro caído entre muchos otros.

En la próxima lección, que también se dedicará a la forma de salir de las deudas y a ayudar a los demás a pagar sus deudas con nosotros, se expondrán otros puntos que deben considerarse para obtener un empleo.

A través de todo el éxito que nos llega en nuestros negocios terrenales, no olvidemos nunca que hemos venido a esta tierra con un solo encargo especial y que, en la medida en que cumplimos ese encargo, tenemos realmente éxito. En verdad, solo hay un negocio en todo el mundo de Dios, que es probar nuestra propia divinidad, y la divinidad de toda la raza, demostrando que Dios es todo lo que realmente existe.

5

LIBERTAD DE LA DEUDA

No deban nada a nadie, sino el amarse los unos a los otros. Porque el que ama a su prójimo, ha cumplido la ley. El amor no hace mal al prójimo; por lo tanto, el amor es el cumplimiento de la ley.
(El apóstol Pablo)

Dondequiera que haya un sentido de deuda también hay honor; y donde habita el honor, la riqueza y el poder están cerca, porque en el Espíritu nunca están separados.

"De ti proceden la riqueza y el honor; tú reinas sobre todo y en tu mano están el poder y la fortaleza, y en tu mano está engrandecer y fortalecer a todos"
(1 Crónicas 29:12).

Y tan ciertamente como un deudor obtiene entendimiento, por el cual puede mantener su confianza, así como su honor, nunca será acosado por sus acreedores, ni será llevado a la vergüenza o a la necesidad.

A algunas personas les sorprende que sus acreedores confíen tan implícitamente en ellas. Sin embargo, la razón es sencilla. Las personas leen continuamente los pensamientos de los demás, y cuando existe la determinación de hacer lo correcto por el prójimo, este estado de ánimo está escrito en el rostro y en las acciones, además de irradiarse a través del aura, y si el acreedor solo confía en sus impresiones, su deudor se convierte simplemente en una buena inversión.

Como declaró aquel sabio judío, Pablo —y un judío espiritual es un financiero magistral— la clave para liberarse de las deudas es el amor que busca el bien de su prójimo primero, último y siempre. Porque con el amor está ese respeto, ese honor que es un eterno imán para las riquezas, aun cuando pasen tan rápidamente como se reciben y uno no parezca ser rico por acumulación. Los verdaderamente ricos son aquellos que tienen mucho para gastar, y gastan esa abundancia, no aquellos que tienen mucho para ahorrar y lo ahorran. El avaro no es rico. El hijo pródigo está más cerca de la prosperidad, incluso en su ignorancia, que el ahorrativo que nunca aprende a gastar.

El amor perfecto echa fuera el temor, en cuanto a la continuidad de la prosperidad, y nos guía por el camino donde el endeudamiento no es una carga, sino un acuerdo conveniente y armonioso, en el que cada uno se beneficia y está seguro del resultado. Pero las deudas que hemos contraído en la insensatez y el egoísmo, que se ciernen sobre nosotros como un manto y se arrastran desde el pasado, de modo que parece que no hay liberación, ¿qué pasa con ellas? ¿Y las que, al parecer, solo podrían pagarse con toda una vida de trabajo y, aun así, no hay perspectivas de fondos por delante?

"Aunque tus pecados sean como la grana, quedarán blancos como la nieve". Aunque tus deudas sean como "la grana", todas serán canceladas, porque tales deudas en los asuntos son como los pecados en el carácter, y la ley de Cristo debe ser conocida y aplicada para traer la libertad perfecta. Esta ley se encuentra en la oración que Jesús dio a sus discípulos, como modelo, en las palabras: "Perdona nuestras deudas como nosotros perdonamos a nuestros deudores".

Al abrir el camino por el que tus deudores pueden ser libres de pagarte, o no, según la gran equidad de Dios, se revelará el camino de tu libertad. Consideremos la filosofía mental de "perdonar a nuestros deudores", para que puedan ser ayudados a pagarnos, si no con dinero, con algo valioso para nosotros. Puede que se nos revele que se ha saldado una vieja cuenta en alguna existencia anterior, y que realmente no nos deben nada. En cualquier caso, no es correcto que tengamos algún pensamiento o sentimiento contra nuestro prójimo, por falsa que sea su actitud hacia nosotros, sino que en todo momento debemos tener un estado de ánimo tal respecto a ellos, que se sientan cómodos en nuestra presencia, e incluso se alegren de pensar en nosotros.

Las personas a menudo impiden que los demás les paguen debido a que acosan mentalmente a sus deudores.

Se preguntan con indignación por qué fulano de tal no paga esa cuenta, y tal vez hablan de él o ella con un conocido común, hasta que, si el carácter fuera la ropa, no tendría ni un trapo en la espalda. Quizás se entere de que el deudor gasta dinero libremente, comprando lujos, y el rumor eche más leña al fuego.

Mientras tanto, el deudor se siente muy incómodo cada vez que piensa en ese acreedor y lo evita. Si lo ve venir, cruzará la calle o evitará de algún modo el encuentro. Incluso puede llegar a odiarlo. Finalmente, consigue apartar a ese acreedor de su mente de tal manera que, cuando se dispone a pagar sus deudas, no le viene a la mente en absoluto. Esta sensación de incomodidad es también la razón por la cual alguien que ha recibido un favor de préstamo de dinero, a menudo, después de eso, no es un buen amigo, la carga de la obligación comienza a irritarlo.

Si te basas en la Verdad y no piensas mal de tu deudor, que es deshonesto, falso, egoísta, débil o pobre, sino que lo consideras en su ser noble, honorable y verdadero, llegarás fácil y felizmente a su mente, justo en el momento adecuado, con el deseo de hacer lo correcto por ti, y también con la capacidad de hacerlo. Esto quedó literalmente demostrado en la experiencia de una señora, estudiante de la Verdad, que, entre otras muchas, había prestado una suma de dinero a un hombre que fracasó en su emprendimiento, y en el cual que había invertido todo el dinero.

Él abandonó la ciudad, seguido por amonestaciones de todos sus acreedores, excepto de esta señora. Ella mantuvo su mente en su verdadero ser, y cada vez que se tocaba el tema de sus morosidades, nunca hablaba en contra de él, sino que siempre decía: "Me pagará. No tengo miedo. Confío en él", o palabras similares.

Entonces llegó la noticia de que se había "hecho rico" en Alaska, pero no trajo ninguna esperanza a los acreedores que estaban convencidos de que era una mala persona. Sin embargo, la señora no tardó en recibir una carta con el importe íntegro de su préstamo y las palabras: "Nunca has dicho una palabra contra mí, así que te pago a ti primero. Los demás pueden esperar". Esta señora ejerció el verdadero perdón, que no es un sentimiento, sino un poder. Ella perdonó o dio, por la falsa apariencia de fraude, el verdadero pensamiento del ser Real, con el resultado de probar que era verdad lo que ella declaraba.

Nuestras deudas son perdonadas por el mismo proceso de la Ley del Bien, sustituyendo la antigua esclavitud por la libertad de todo endeudamiento; y sanando la causa, nuestra debilidad o ignorancia, y sacando a relucir nuestro buen juicio y percepción.

Con la nueva mente desaparecen muchos errores, que no habían sido vistos como errores, aunque su base era alguna limitación o creencia en el mal. Así, uno deja de retener el dinero por miedo, o de guardarlo para "un día lluvioso". Cuando nos llega bastante dinero, depositar el excedente puede ser una cuestión de conveniencia, pero no de miedo.

No hay que esperar a que los demás nos paguen para considerar el pago de nuestras deudas. Hacer nuestra parte puede proporcionar el impulso para que nuestro deudor haga la suya, como cuando se sabe que un solo billete de cinco dólares ha servido para pagar deudas de veinte dólares en una familia, al ser puesto en circulación en el momento oportuno.

El orgullo y el convencionalismo deben ser desplazados, las deudas pueden pagarse en muy pequeñas sumas a la vez, y la inspiración nos guiará en cuanto a quién debe pagarse primero. A veces se tiene un pensamiento duro en contra de uno, de modo que es como una maldición que impide el libre flujo de las propias bendiciones. Un verdadero paso dado puede aliviar toda la situación. Un dólar pagado a un hombre que piensa que lo que le debes es una deuda incobrable puede aliviar una congestión en el pensamiento-causa detrás de tus asuntos.

Una señora llevaba más de un año debiendo a su profesor de música sus últimas lecciones, porque cuando se acordaba de él nunca tenía a mano la cantidad, quince dólares. Decidió dejar a un lado su orgullo y sus ideas fijas sobre cómo debía pagarle, y enviarle un dólar cada vez hasta que la deuda fuera cancelada. Después de enviar una carta de disculpa adjuntando el dólar, recibió una respuesta muy cordial, colmada de afirmaciones de que no le debía nada, rogándole que desechara todo pensamiento al respecto, ya que le había pagado muchas veces más que esa cantidad en alumnos, a los que le había recomendado. El intento que había hecho la recompensó con creces; pues no solo se canceló la deuda, sino que la expresión de agradecimiento que recibió fue una sorpresa y un deleite. Ella no había considerado el favor que le hacía, sino solo el beneficio que confería a quienes se convertían en sus alumnos.

Al meditar en el deseo divino que hay en ti de bendecir a tu prójimo, surgirá una alegría al pagarles. También, una fe en que los demás disfrutan pagándote, y no temerás, ni te molestará presentar una factura.

A veces, las cartas y otros papeles están tan impregnados de los pensamientos falsos que se tienen al momento de ser preparados, que llegan como un golpe o un insulto, y pierden por completo su intención. Una estudiante de una de mis clases me dio una ilustración de este hecho: la señorita M., sanadora y maestra, le había dado muchos tratamientos y lecciones a una señora adinerada, la cual no había tomado ninguna acción para pagar. Finalmente, la señorita M. llegó a la conclusión de que estaba esperando una factura. Sintiendo que era desconsiderado por parte de su paciente esperar una factura, y con una combinación de resentimiento, impaciencia e indignación, se sentó y escribió la factura y la envió por correo. Ahora bien, la señora era generosa y justa, y también una buena estudiante de la Verdad. Si no lo hubiera sido, la señorita M. habría esperado mucho tiempo por su dinero, porque la señora dijo:

—"En el momento en que tomé la factura en mi mano, tuve tal sentimiento de resentimiento, impaciencia e indignación contra ti, que casi tiré la factura a la papelera, con la promesa de que no te pagaría durante un mes. Entonces recordé mis principios, y al instante supe que esos eran tus sentimientos hacia mí, y que los había estado reflejando, e inmediatamente bajé a pagarte. Ten cuidado, jovencita, con lo que piensas, cuando envías facturas".

A veces surge la pregunta: ¿debemos contraer deudas cuando no hay dinero a la vista para pagarlas? A menos que exista la verdadera y suprema seguridad interior de que el dinero para pagar tales deudas ya está en camino, es mejor ayunar y orar hasta que llegue tal seguridad, que ponerse a una prueba demasiado grande. La demostración de la fe no consiste en aventurarse a contraer deudas, sino en la obtención de los medios para pagarlas, incluso antes de contraerlas.

De acuerdo con la declaración dada en nuestra última lección, a continuación daré algunos pensamientos adicionales sobre la obtención de empleo.

Hay que tener muy presente que uno no es una simple máquina, sino que siempre es un hermano y un semejante, una hermana y un miembro de la familia de Dios. No hay nada tan interesante para las personalidades como la personalidad, y especialmente una personalidad que también se interesa por las personalidades. Acércate a aquellos de los que esperas favores con el interés en tu rostro, que ha surgido de la comunión con el Espíritu dentro de ellos, y tanto si el favor se concede como si no, tómalo como la decisión del Espíritu en ese momento, no necesariamente definitiva, y así lograrás mantener un alto nivel de respeto entre ustedes. Eso no se olvidará, y la próxima vez que te presentes, será más fácil obtener las "gracias" del que está en el poder.

En una ocasión se le dio un buen consejo a un joven, que llevaba días buscando trabajo y ya se encontraba muy desanimado. El hombre que le dio el consejo, acababa de hacer la respuesta estereotipada: "Lo siento, pero no tengo nada para ti", y cuando el joven se estaba alejando tristemente, añadió: "Pero puedo darte un consejo que, si lo tomas, pronto te conseguirá un puesto. Es el siguiente. No vuelvas a acercarte a un empleador con esa cara sombría. Sonríe, parece alegre y tendrás éxito".

El joven le dio las gracias y lo puso en práctica. Se mantuvo pensando en la alegría y recibiendo sonrientemente un rechazo tras otro; poco a poco se fue animando hasta que, en el último lugar al que se presentó —una carbonería—, al recibir la misma respuesta de siempre, se dio la vuelta y atravesó el patio silbando una alegre melodía, entonces, el hombre lo llamó de nuevo:

—"¡Pareces un tipo muy alegre! Me gustan los hombres así a mi alrededor. Ven aquí mañana, y creo que puedo hacerte un sitio".

A partir de ese momento consiguió trabajo, y nunca olvidó el valioso consejo de su amigo desconocido.

Nunca esperes tener éxito apelando a la compasión o la clemencia de otro; ni tampoco presentando tu necesidad o carencia, debilidad o ignorancia. Deja que tu pensamiento principal sea: "¿Cómo puedo servirte?"

A continuación se añaden algunos aforismos para tu meditación:

Las riquezas son un estado mental. La riqueza debe circular por nuestros asuntos como el aire en los pulmones.

Nada tiene tanto éxito como el éxito; nada prospera tanto como la prosperidad; por lo tanto, nunca te pongas una "boca pobre".

La libertad de dar y recibir es la ley del suministro saludable. El Señor (la prosperidad) ama al dador alegre.

No ahorres para un "día lluvioso", porque vendrán siempre que te prepares para ellos. El dinero no debe ser retenido. Ama la libertad.

Compórtate como si fueras el dueño de la tierra, porque lo eres. El instinto empresarial es la intuición espiritual aplicada a los asuntos.

El dinero invertido en cosas espirituales no es una pérdida, sino una ganancia, cien veces mayor.

"Considera cómo crecen los lirios". Tienen una ley en su interior por la que atraen hacia sí su propio sustento.

Entra en la corriente de la Prosperidad y tu barca será llevada sin problemas, sin interferir con tu prójimo.

6

LA MENTALIDAD RICA

"Acumulen tesoros en el cielo" (Mateo 6:20).

"El hombre bueno, del buen tesoro del corazón saca buenas cosas" (Mateo 12:35)

"Sean prosperados los que te aman" (Salmos 122: 6)

"Serás prosperado si te cuidas de cumplir los estatutos y ordenanzas" (2 Crónicas 22:13)

"¿Por qué quebrantan los mandamientos del Señor y no prosperan? Por haber abandonado al Señor, él también los ha abandonado" (2 Crónicas 24:20).

"Cede ahora y haz la paz con él; así te vendrá el bien. Recibe la ley de su boca y pon sus palabras en tu corazón. Si te vuelves al Todopoderoso serás edificado... Si pones tu oro en el polvo, y el oro de Ofir entre las piedras de los arroyos, el

Todopoderoso será para ti tu oro y tu plata escogida" (Job 22:21-25).

Principalmente, las riquezas son un estado mental y no una cuestión de acumulación de dinero o de cosas. Tener una mente rica será necesariamente representada por la abundancia de los bienes del mundo, ya sea en posesión, o al mando; pero tener millones y carecer de la fertilidad de la mente para colocarlos, es ser como la mula que lleva en su espalda el rico mineral desde la mina —solo conoce la carga de ello, pero nada de su riqueza.

Los hombres y las mujeres con ingresos asegurados, que no han conocido la riqueza interior, han llevado una vida miserable de miedo, temiendo que los ladrones les roben todo; algunos se han vuelto locos con el temor a la pobreza, y han pasado los últimos días de su existencia terrenal creyendo que los enviarán a un asilo de pobres a causa de su indigencia. Con una mentalidad empobrecida, no pueden reconocer las riquezas cuando las miran a la cara.

De ahí la sabiduría del gran Filósofo de la Vida: Busca primero ser rico hacia Dios y deja que las riquezas terrenales sigan. Porque entonces el problema se aborda en su justa medida, en su origen, y se escapa de la locura de tantos pobres que han puesto el carro delante de los bueyes, buscando primero las riquezas y después la vida espiritual.

Todo el que viene al mundo tiene un aura de riqueza, el regalo de su Padre celestial —es su "vivir" de la Fuente de toda riqueza. La mayoría de nosotros parece haber sido hijos pródigos, dejando que nuestra rica conciencia se desperdicie por los engaños de los sentidos, hasta que nos encontramos atados a la mortalidad y lejos de la felicidad, del cielo, nuestro hogar. Pero sabemos que incluso entonces, si solo recordamos y "volvemos a nosotros mismos", podemos regresar a la conciencia rica, manteniendo nuestro rostro firme hacia la casa de nuestro Padre, es decir, "buscando primero el reino de Dios y su justicia."

El aura rica que nos rodea y nos llena a cada uno de nosotros, es el reflejo de la Mente Divina y contiene todos los elementos de cada expresión de riqueza sobre toda la faz de la tierra. Sus pensamientos de bondad son la realidad del oro; su conciencia de libertad está detrás de la plata; su pureza es la sustancia del diamante y todas sus virtudes están plasmadas en las gemas de la tierra. Su vida fructifica la tierra misma, su belleza y su gracia determinan las formas de los frutos y las flores. Su cultura se manifiesta en las artes humanas, según el desarrollo que el individuo se haya dado a sí mismo hacia esa rica mentalidad.

Mientras la persona busque fuera de sí misma todas las causas de su fortuna o desgracia, no encontrará esta ley de pensamiento y sentimiento, por la que puede prosperar. En su actitud hacia esta Mentalidad Rica, que es en verdad su Mente Divina, se encuentra la explicación de muchas experiencias inusuales en su vida.

Ciertos pensamientos y sentimientos habituales hacia Dios y la vida espiritual han hecho que los campos de una persona rindan más que los de sus vecinos, aunque en todos los demás aspectos, el suelo y la semilla, fueran iguales. Las cosechas han sido libradas de las plagas y también protegidas, de tal manera que una peste o una helada u otro enemigo no podían dañarlas. Como ejemplo de esto, un estudiante me contó una historia sobre su padre, que tenía una prueba notable de que un "hombre que reza" está bajo la protección divina, incluso en sus campos.

Este caballero dijo que su padre, el Sr. N., era un exitoso agricultor en Inglaterra. En el cultivo de papas, se había unido a varios de sus vecinos para arrendar una larga franja de tierra, dividiéndola de manera que cada agricultor tuviera dos largas hileras de papas. Ellos compraron juntos las semillas, araron y sembraron al mismo tiempo. El Sr. N. tenía una idea muy práctica de la presencia y el poder de Dios en los asuntos humanos, por lo que, mientras plantaba su semilla, invocaba la bendición del Todopoderoso sobre ella, ya que creía que toda su prosperidad provenía de recordar a Dios en todos sus caminos.

Cuando llegó el momento de recoger las papas, los agricultores descubrieron que una enfermedad de la papa llamada "pudrición seca", que apareció ese año por primera vez en Inglaterra, había atacado todos los tubérculos, causando una pérdida casi total para todos los agricultores, excepto el Sr. N. Porque cuando removió la tierra en las dos largas hileras de montículos, no había sido tocada ni una sola papa en toda su extensión. Esto causó una impresión muy profunda en todos los alrededores, especialmente porque el Sr. N. atribuyó su protección a la bondad de Dios, al responder a sus oraciones directas y con fe, por el rendimiento de su campo.

Todo aquello en lo que uno pone su mano entra en esta Aura Divina, y si una persona, consciente o inconscientemente, coopera con ella y cumple sus leyes, eso sucederá, está escrito: "Todo lo que hace, prosperará" (Salmos 1:3)

Esta Mentalidad Rica podría ser comparada con un campo de tierra fértil que cada uno posee. Si parece inflexible en cuanto a la prosperidad, entonces no se reconoce ni se cultiva. Puede ser como un área abandonada y descuidada, llena de malas hierbas, pero que permite cierto aumento. Así son los campos de los derrochadores, de los sórdidos y de los despreocupados. Tal vez no esté regado, como el Gran Desierto Americano, que ha demostrado ser tan fértil cuando está bien regado. Entonces la ignorancia de esta gran ley de la prosperidad es la causa, o un olvido de la verdad sobre uno mismo, su fuente y sus poderes.

El deseo en el corazón de ser autosuficiente e independiente se debe a que tal es la intención divina. La revelación de este suministro interior eterno establece la conciencia de una prosperidad infinita.

"Como el Padre tiene vida en sí mismo, así también ha dado al Hijo el tener vida en sí mismo" (Juan 5:26).

La riqueza circula por el cuerpo de los asuntos propios, como el aire en el cuerpo de la carne. Y así como, por medio de la inteligencia y el poder, uno controla el aliento, el bienestar de nuestras circunstancias debería estar sujeto a nuestra mente.

Una señora del sur de California reconoció este poder de control, para gran ventaja de una importante cosecha. Su casa estaba en medio de un gran campo de naranjos que en ese momento estaba en pleno rendimiento y prometía un buen ingreso ese invierno, con el que esperaban recuperar su fortuna y volver a estar en pie. Tenía una vecina cuya historia financiera había sido casi idéntica a la suya, ya que ambas, con sus maridos, habían invertido en tierras contiguas, plantando y cultivando naranjos, que ya habían dado varias cosechas. Pero la vecina no creía en el poder de la mente, sino que se burlaba y contrariaba tanto, que la señora dejó de referirse a la Verdad y a sus poderes en su presencia.

Una noche se difundió por el pueblo la noticia de que se iba a producir una helada negra antes de la mañana, y que todos deberían "generar humo" y así salvar su huerto. "Generar humo" (algunos no lo saben), es producir humo a partir de fogatas especialmente construidas, calentando así el aire y manteniéndolo en movimiento para que el aire frío no pueda alcanzar la tierna fruta. Ahora bien, sucedió que los esposos de ambas señoras estaban fuera. La vecina llegó retorciéndose las manos y exclamando: "¡Qué vamos a hacer! No hay nadie que nos ayude, no podemos hacerlo solas, ¡nuestra cosecha se arruinará!".

La señora R. trató de consolarla, pero su propio corazón estaba apesadumbrado y tuvo poco éxito. Después de que la vecina se fue, caminó tratando de calmarse a sí misma con la Verdad, repitiendo una y otra vez afirmaciones sobre la totalidad del bien y la nada del mal, en todas las variedades de declaraciones que se le ocurrían. Prontamente, su fidelidad fue recompensada. Ella recordó lo que había dicho su maestra, en cuanto al poder de la Mente para salir y sanar las plantas, y dijo en voz alta:

—"¡Dios puede proteger mi huerto! La presencia de Dios está allí, y ahora lo rodea y lo protege de cualquier daño".

Recordó que "ningún mal se acercará a tu morada"; recitó el Salmo 91; recordó las palabras dirigidas a Job que comenzaban así: "De seis aflicciones te librará", e incluyendo "no temerás cuando venga la destrucción" y terminando "las fieras del campo estarán en paz contigo" (Job 5:19-23) y ella se llenó de confianza y de una poderosa conciencia de poder. Le vino la impresión de que su huerto estaba cubierto, como con un gran lienzo, y se acostó y durmió como una niña hasta la mañana.

Llegó la helada negra y lamentablemente todos los huertos que no habían "generado humo" sucumbieron bajo la helada. Todos los huertos, excepto el de la señora R., en el cual no se tocó ni una sola naranja, aunque la cosecha de su vecino fue una pérdida total.

El suceso generó gran atención y recibió muchas felicitaciones. Ella era una principiante en el pensamiento y no le contó a nadie acerca de sus oraciones, aunque su vecina sospechaba el origen de su victoria, pues nunca más se burló de su creencia.

Cuando el desaliento y el desánimo se apoderan de una persona, o cuando la discordia, la incomprensión o la amargura distraen y desgarran al ser interior, su propio ganado y sus otras criaturas muestran su estado de ánimo en su condición. Levanta tu mente, aférrate al Espíritu, despréndete de esos sentimientos mezquinos del mismo modo que te sacudes los copos de nieve antes de entrar en una habitación cálida.

Practica repitiendo palabras de ánimo y promesas espirituales, y medita sobre los pensamientos más opuestos a los que te arrastran hacia abajo, hasta que se produzca un cambio interno. Y cuanto más tiempo te lleve, mayor debe ser tu persistencia. El hecho de que te lleve tanto tiempo demuestra lo mucho que necesitabas la práctica. Elimina la maldición de esa casa vacía, llenándola mentalmente con pensamientos amorosos y atractivos, cambiando su atmósfera de ese carácter apagado y repelente que la gente siente, incluso al acercarse a un lugar, haciéndoles rechazarlo antes de examinarlo. Lee Isaías 35; Isaías 11: 1-9; Isaías 65:16-25 y entrega tu mente y tu corazón a las imágenes más bellas de concordia y armonía que plantean.

Tú no estás construyendo esta mentalidad rica. Ya está ahí en toda su plenitud y perfección. La parte que te corresponde es descubrirla, cooperar con ella, creer en ella. Entonces, como los lirios del campo, la ley que está dentro de ti puede operar y atraer lo tuyo hacia ti.

Recordamos siempre que aquel que es prosperado por el conocimiento de la Verdad trae prosperidad a toda la tierra, porque atrae el cielo a la tierra, y el Amor es la ley de su vida, haciendo que siempre conduzca a sus semejantes a la misma ley dentro de ellos que él ha encontrado en sí mismo.

Como la vid que se poda solo da los mejores y más abundantes frutos, así veamos todas las formas de dificultad, error y fracaso por las que pudimos haber pasado en días anteriores, solamente como los tiempos de nuestra poda, y ya que estamos vivos, sepamos que la Vida es la Prosperidad misma, la Mentalidad Rica, que contiene la mayor fortuna que jamás haya conocido la tierra. Ahora es el momento y este es el lugar en que demostramos ser la Palabra maestra del Todopoderoso, imponiendo el Reino de los Cielos en la tierra, hasta que no se conozca más la pobreza, ni ningún pobre, sino que todos lleguen a sus tronos, glorificados hijos e hijas del Altísimo.

~SEGUNDA PARTE~

SEIS TRATAMIENTOS
ESPIRITUALES

INSTRUCCIONES

En los siguientes Tratamientos, el primer punto que se considera es la actitud correcta que se debe adoptar en la vida del hogar, para que la Verdad pueda obrar en nuestros pensamientos y sentimientos secretos, cuando nuestra vida parece separada de los negocios y se nos pone a prueba en asuntos extenuantes.

El segundo consiste en una meditación para leer, dejando que las ideas se sumerjan en el corazón y hagan surgir observaciones originales, de las que el estudiante debe tomar notas en un cuaderno.

El tercero es el Tratamiento que debe ser leído por uno mismo, como si la Voz Interior pronunciara las palabras, y nuestra razón espiritual las confirmara.

Los Tratamientos propiamente dichos comienzan siempre con ¡Escúchame!

No los leas solo para ti mismo, sino que léelos en silencio para otras personas que estén sintiendo estrés en sus circunstancias. Sé ordenado en esto, anota los nombres de aquellos a quienes estás tratando y las horas del tratamiento. Y procura comprender lo que les estás diciendo.

Al dar estos tratamientos, para ti mismo o para otros, realiza una pausa con un fuerte reconocimiento en cada asterisco, y si la Palabra está haciendo su trabajo, vendrá un sentimiento definido de poder y satisfacción, tanto para el sanador como para el que está siendo sanado.

Aunque este sentimiento no surja al principio, la Verdad en las palabras hará el trabajo, a menudo para sorpresa del joven estudiante, cuya fe es débil o poco desarrollada.

Recuerda la virtud que hay en la Repetición y así como se progresa más rápidamente en el aprendizaje de un idioma, o en la adquisición de un arte, teniendo las lecciones seguidas y la práctica constante, así también sucede en la adquisición espiritual del poder de prosperidad. Los misioneros dedican los dos primeros años de su noviciado —casi todas las horas de vigilia de cada día— a aprender el idioma de aquellos a quienes han ido a ayudar. La mente humana parece lenta. Tengamos paciencia y a su debido tiempo cosecharemos.

7

EN LA TRANQUILIDAD DEL HOGAR

El verdadero hogar de cada uno de nosotros es el Cielo, y la amarga nostalgia de tantos de la raza nunca se curará hasta que se encuentre el Cielo en su interior. Porque el anhelo de hombres y mujeres por un lugar que puedan llamar "hogar" no es más que una forma de nostalgia espiritual. Y es sabio el estudiante de la Verdad que no busca la sanación de esa enfermedad adquiriendo un hogar exterior, porque sin la unión consciente con el Cielo interior, solo adquirirá cargas con la casa, la cual desea que sea su hogar.

Pero al desarrollar la realización del hogar en su interior, cada lugar donde se relaje y pase las horas tranquilas de su vida, será un nido feliz, una morada protectora que atraerá a otros con su encanto hogareño, además de expresar su propia profunda santa paz.

En la tranquilidad de tu morada, ya sea un apartamento o una buhardilla, una casa de campo o un hotel, un bungaló o un dormitorio, irradia la riqueza de tu alma, hasta que la transformación de tu habitación revele el logro de tus pensamientos verdaderos.

Nunca lleves las preocupaciones de tu negocio a la vida familiar. Cuando consultes a tus seres queridos sobre tus asuntos, lleva tu fe allí. La única conexión que debe haber entre tu negocio y tu hogar es la de la alegría espiritual y un optimismo científico permanente.

Cuando estés de pie en la puerta de entrada, di:

"¡La paz sea con esta casa!"

Y asegúrate de no dejar nunca que tu paz se aparte de ti. Mantén tu paz siempre.

TRATAMIENTO 1

El Camino de la Prosperidad

Meditación. "¡Ven, razonemos juntos!"
Dios es la verdadera fuente de todas las riquezas de la tierra.

"Mía es la plata y mío es el oro, dice el Señor de los ejércitos" (Hageo 2: 8)

Y tú eres la descendencia del Altísimo, heredero de todas las riquezas de Dios, y estás aquí para expresar esa riqueza a través de este cuerpo y en este mundo.

Hay un camino de la prosperidad, el camino del Rey, el camino que sube a la montaña del éxito supremo, es un camino fácil, donde el viaje es siempre suave y los que caminan por allí no conocen más preocupaciones o temores, ni conflictos o tiempos difíciles, ni trabajo servil o fracaso. Ellos viven y dejan vivir, y están conscientemente libres, para siempre, de toda sensación de privación o carencia.

Los no instruidos siguen caminos secundarios en la búsqueda de su riqueza, donde hay muchos tropiezos y ceguera del azar, donde las cargas se acumulan, pero los viajeros nunca llegan a las alturas. Todos estos desvíos terminan en barrancos y pozos, pues todo lo que se gana debe ser finalmente abandonado. Las personas entran en ellos como atajos hacia la riqueza, y aunque algunos de ellos cruzan el verdadero Camino, estos viajeros están tan intoxicados que no reconocen el Camino ni siquiera cuando sus pies pisan su hermoso sendero por muchos kilómetros.

La visión correcta de la Prosperidad como la propia presencia de Dios, no para ser rechazada o despreciada, sino para ser vista como la legítima expresión de la vida espiritual, llega al "hombre de ojos abiertos" y busca el entendimiento para pensar y sentir, hablar y actuar según la Ley que opera, para hacer que los cuerpos sean saludables y las circunstancias ricas, como una misma obra. El cuerpo saludable es rico, y las circunstancias que tienen riqueza son saludables.

✳

¡Escúchame! El Camino de la Prosperidad de Dios es riqueza ilimitada, * riquezas que son eternas* y la Vida que es infinita comodidad y bienestar. * Este camino bendito no está lejos de ti; * no está dividido ni separado de tu vida * ni de la vida de nadie. *Porque es la Omnipresencia de Dios. *

Porque este Camino hacia la prosperidad es la omnipresencia de Dios, * tú estás ahora en él, * no puedes perder el Camino. *Ahora tu mente está establecida correctamente. * Y siendo la mente la causa de todo lo que se manifiesta en tu vida, * su pensamiento correcto manifestará las condiciones correctas en tus asuntos. * Tu Padre es rico. * Tu Padre tiene "abundancia y de sobra" * y su decreto es que tú prosperarás * en todo lo que pongas tu mano. *

Tu herencia es una riqueza ilimitada * y el Sabio que hay en ti * te revela las leyes * por las cuales lo tuyo viene a ti. * Jesús conocía las profundas leyes del Espíritu *mediante las cuales podía pagar sus impuestos, * proporcionar los mejores vinos para la fiesta * y alimentar a las multitudes con una abundancia desbordante. * Tú tienes la misma Inteligencia en ti, * ya que es la Mente de Dios * abriendo el camino de tu suministro. *

Ahora estás en el camino hacia las riquezas * que nunca fallarán. * Estás saliendo del sueño de mortalidad.

* Como mortal, has sido rico mil veces en vidas pasadas. * ¿De qué te ha servido? De nada. * Ahora la riqueza temporal ha terminado. * Entras en las riquezas * "preparadas para ti desde la fundación del mundo". * Porque buscas las riquezas de Dios primero, * debes tener también las otras. *Es la ley. * Tienes la Palabra de Cristo en ello. * Siendo rico hacia Dios, * rico en el servicio amoroso a la humanidad, * rico en la bondad de carácter, * rico en la santa sabiduría y devoción a Dios y a su Cristo, * no te pueden faltar las riquezas del mundo. *

La prosperidad de Dios fluye hacia ti sin esfuerzo. * Es el don divino. * No viene por el trabajo duro de la cabeza o las manos, * sino por el Espíritu. * La inspiración te dirige hacia tu expresión de feliz utilidad. * Encuentras el trabajo que te encanta hacer, * y paga bien. *

Las deudas no forman parte de tu vida. * La luz de la Mente de Cristo brilla en tu camino * y te muestra cómo cancelar todas las deudas. * El espíritu mantiene tu mente tranquila. * No necesitas preocuparte nunca. * La preocupación nunca hace nada. * Ahora dejas que la confianza en el Todopoderoso-Bien desplace toda ansiedad * y te dé descanso. * Lo que ha de ser * del buen estado y realización de Dios * ya está hecho. * Por lo tanto, tus deudas ya están pagadas en la Mente Divina. * El honor y la equidad te sacan de la deuda. * Tú no eres deudor *, eres una buena inversión. * Obtienes ricas ganancias. * Eres un banco, no una bancarrota. * La ley del Espíritu en Jesucristo te hace libre. *

Cada día te trae una nueva inspiración. * Cada noche te trae un sueño inocente y un justo descanso. * Cada experiencia significa una comunión más cercana con Dios. * Nada puede intimidarte. * Nada puede desanimarte. * Tocas el camino de la prosperidad de Dios * y eres llevado por el camino con pies alados. * El honor y las riquezas son tuyos * y tu paz nadie te la puede quitar, * ahora y para siempre. *

ESTÁ HECHO.

8

LA PROSPERIDAD COMIENZA EN CASA

Cada hogar puede demostrar que es un centro de expresión de la prosperidad de Dios, por muy pequeños que sean sus comienzos. Al principio, el poderoso roble no es más que una diminuta ramita, pero mediante la fe en sí mismo y el amoroso estímulo y protección de la naturaleza, se convierte en la torre de la fuerza, que es la admiración de todos los que lo contemplan. Del mismo modo, la demostración espiritual de la prosperidad de uno puede parecer débil al principio, pero si templas los vientos de las feroces sugestiones de la raza, respecto a la realidad de la pobreza, y mantienes tu fe firmemente centrada en la rica vida de Dios que mora en tu interior, tu prosperidad demostrará ser una presencia establecida, la cual ninguna fluctuación entre las naciones o falsedad entre individuos podrá mover ni destruir —tu riqueza, al igual que tu salud, será eterna.

Pero que ningún hogar trabaje solo para sí mismo y descuide a su prójimo. Porque la alegría de demostrar la presencia de Dios, en cualquier forma, es que esa conciencia puede darse a nuestro mundo. A veces uno debe considerar primero su mundo, para llegar a su expresión individual de prosperidad; no obstante, siempre hay una etapa en la que el egoísmo debe pasar, para poder avanzar hacia un mayor poder y prosperidad.

Puede parecer que el egoísmo ha dado prosperidad a las personas, pero esa manifestación se cruza y se vuelve a cruzar con la decadencia y la muerte, y solo los espiritualmente ignorantes caminarán por esa senda. ¿Qué son los millones para ti si no pueden salvarte la vida, o curarte de la ceguera, o traerte amor? Sin embargo, hay miles de personas que mueren, o que se internan en manicomios, o que llevan una vida de dolor, y que el mundo envidia por su riqueza.

Las riquezas que vienen a través de la Verdad son permanentes y están acompañadas por todas las alegrías del cielo, porque no están confinadas a la propiedad y los negocios, sino que son universales y se expresan a través de todos los departamentos de nuestro ser.

TRATAMIENTO 2

Las Riquezas, el Don de Dios

Meditación. Las leyes de la prosperidad espiritual son lo contrario de las leyes de la prosperidad mundana. En la economía divina, no se gana "ahorrando para los días lluviosos", no se pierde gastando, cuanto más se da, más se tiene. Las riquezas divinas no se ganan, por lo tanto, no hay que trabajar duro por ellas, ni mental ni físicamente.

Pertenece a tu conciencia creativa amar el trabajo, y al no tener miedo respecto al suministro y al sustento, puedes gravitar hacia tu trabajo afín, que será muy valorado por el mundo porque el arte entrará en él.

"El arte es el amor por el trabajo de uno" (Elbert Hubbard).

El tiempo y el salario pertenecen a los esclavos. Nosotros salimos de Egipto dejando de "trabajar para vivir" en nuestra mente. Cualquiera que sea el trabajo al que te dediques ahora, conviértete en un artista en él, poniendo alma en tu servicio. Edúcate para encontrar la divinidad en tu trabajo y en tus asociados, ya sean empleadores o empleados. Cuando hayas aprendido la lección, te graduarás fácilmente en una vocación afín, porque es tu propia vocación.

El Espíritu solo conoce el espíritu, y en su reino no hay negociación, ni compra, ni venta, no hay salarios, ni asalariados, ni obreros, ni premios, ni castigos, ni méritos, ni deméritos, ni merecedores, ni indignos.

Todo es Amor, y todo se hace por Amor, y todos los frutos del Amor son regalos.

❈

¡Escúchame! La sustancia de la Prosperidad es espiritual * y te envuelve y te llena * es el aliento de tu aliento * y la plenitud y perfección de tu vida. * Esta rica sustancia es un regalo para ti * vino contigo al mundo; *nunca la ganaste, * por eso, nunca te la pueden quitar. * Las riquezas son tuyas * ya sea que las merezcas o no. * Eres un Príncipe con Dios. * Los príncipes son ricos sin ganarse su riqueza. * Eres heredero con Cristo * y todo lo que tiene el Padre es tuyo. * Míos son la plata y el oro, dice el Señor, * y Todo lo que tiene el Padre es mío, dice el Cristo. *

* Tu Bien cuida de ti. * Como fuiste alimentado y protegido desde el principio, así ahora. * Viniste con un mundo de riqueza. * Ahora, por el poder de Dios dentro de ti, * lo atraes a la manifestación. *

* Acumulas riquezas en tu corazón. * Dios te da confianza en lugar de preocupación. * Dios te da fe en lugar de temor. * Dios te da el Perdón para que tome el lugar de la amargura. * Dios te da inspiración y te quita el estancamiento. * Dios te da percepción en lugar de maquinación. * Dios te da interés en tu prójimo en lugar de egoísmo. * Dios te da caminos honestos para reemplazar todo engaño. *

Te elevas por encima del plano, y la ley, de causa y efecto. * Eliminas de tu mente todo sentido de perjuicio. * El ser mortal no es nada para ti. * Las malas acciones de su parte no pueden hacerte sufrir. * El espíritu corrige todos los errores. * Tú haces lo correcto por tu prójimo. * Ninguna maldición u odio puede alejarte de lo tuyo. * No buscas en el ser humano tu sustento. * Dios es tu suficiencia * y la fuente de todas tus riquezas. * Dios está a tu favor * ¿Qué pueden hacer los demás contra ti? *

* Vives en un mundo de libertad * y le das libertad a todo y a todos. * Le das libertad al dinero. * No te aferras al dinero. * Lo dejas ir y confías. * "Quédate quieto y ve la salvación del Señor".

Vas a tu trabajo más feliz. * Por el Espíritu interior, encuentras tu lugar. * Tu Genio va delante de ti * y crea canales para expresarse. *

Los ángeles de la prosperidad te rodean. * Los ángeles de la prosperidad trabajan para ti. * En todo lo que pones tu mano, prosperas. *

Ahora estás abriendo el camino * mediante el cual tus riquezas pueden tomar formas tangibles en tu mundo. *

La prosperidad te busca * y debe encontrarte. * Estás en su camino * y no puede dejar de verte. *

Das testimonio de la presencia de la prosperidad, * por tu comportamiento, * mantienes la cabeza erguida; * por tu aplomo, * tu espalda no está encorvada; por tu valentía, * pones lo mejor de ti. *

Estás en la corriente de la Prosperidad. * Todas las cosas en tus asuntos se mueven suavemente con la corriente. * Y tu corazón está tranquilo, * porque tu prosperidad es segura. *

PERMANECE EN PAZ.

9

EL HOGAR REFORMADO

El hogar es el baluarte de la nación, y todo lo que construye el hogar y contribuye a sus ideales, fortalece la raza, tanto dentro como fuera. Porque el hogar es también el lugar para representar el cielo, y a menudo es la escuela de entrenamiento para la salvaje y cruda mortalidad, donde aprende las alegrías de la paz, el orden y el servicio amoroso, una preparación para el cielo aquí en la tierra.

Cada hogar que se consagra a este ministerio del mensaje de Cristo y a la sanación, se convierte en un ejemplo de pureza y armonía para aquellos que buscan el cielo en la tierra. Quizás tu ministerio aún no sea abierto, pero puede ser un trabajo silencioso con tu hospitalidad, consuelo, tranquilidad y amor. Las paredes mismas pueden cantar la bondad y la verdad. El mobiliario común puede acariciarnos, la comida casera puede darnos la más dulce satisfacción.

Llena tu hogar de bendiciones. Elimina toda sugerencia de descontento. Si hay una habitación que huela a egoísmo, a impureza o a muerte en su atmósfera mental, sánala. Puedes hacerlo con media hora de silencio en ella cada día, meditando sobre la omnipresencia del cielo, declarando alguna expresión especial del cielo, centrado allí.

La riqueza de tu espíritu debe entrar en el lugar donde resides, aunque sea un sótano o un dormitorio, e impregnarlo. La tranquilidad y la comodidad de una conciencia rica deben irradiar de tu personalidad.

En efecto, la riqueza atrae a la riqueza, y la prosperidad atrae a las cosas y a las personas que le son afines, especialmente cuando está respaldada por los principios. Hay personas que parecen prósperas, sin embargo, se están minando a sí mismas por un falso estado mental; y hay personas que son ricas, pero no parecen prósperas, y se pierden algunas de las cosas buenas que les pertenecen.

El reino de los cielos aparece cuando hay una perfecta armonía y unidad entre lo externo y lo interno.

Al probar que Dios es la salud de tus circunstancias, procura que tu hogar no contradiga tu fe. Hay una gran ley que se cumple al "dar lo mejor de uno". Las personas de negocios saben que tener una buena oficina, bien amueblada, es una buena inversión para el posterior éxito de sus proyectos. El hábito de comenzar con equipamiento deficiente hace que las nuevas empresas tarden en alcanzar el éxito.

Cuando un instrumento está afinado demasiado bajo, como un arpa, un violín o una guitarra, se eleva una cuerda hasta el tono adecuado y el resto se ajusta a él. A veces se puede elevar toda la vibración de una casa, y del hogar, introduciendo algún elemento rico y actual, y luego afinando todo el resto del establecimiento a esa vibración, aunque pasen muchos días antes de que se termine.

Actúa con riqueza, habla con prosperidad. Ofrece una vía libre para que la riqueza llegue a todos. El mundo necesita aprender la ciencia espiritual de la riqueza, y tu casa puede ser un salón de clases.

TRATAMIENTO 3

Bendecir, Alabar, Dar Gracias

Meditación. No hay mayor poder de prosperidad que la palabra de bendición, de alabanza genuina y de agradecimiento del corazón, especialmente hacia aquellas personas, y sobre aquellas cosas y acontecimientos que han parecido maldecirnos.

Como estas expresiones no deben simplemente salir de los labios, se requerirá habilidad, discernimiento, inspiración y un sentido profético para encontrar aquello que se puede alabar en nuestros enemigos, ser agradecido en el infortunio y bendecir en la traición. El ejercicio mismo lo enriquecerá a uno, como en la fábula del sabio padre anciano que tenía cuatro hijos perezosos, y al morir les dijo que no tenía nada para dejarles excepto un campo, pero que en ese campo había enterrado un tesoro. Así que, cuando murió, cavaron enérgicamente ese campo. Pero no encontraron ningún tesoro. Sin embargo, las siguientes cosechas que crecieron en ese terreno dieron cuatro veces más que la cosecha común, entonces, los hijos supieron que el tesoro en el campo era lo que habían puesto en él —su propia energía y fe.

Practica la habilidad y el discernimiento para encontrar lo bueno en las personas que te han lastimado y los fracasos que te han agobiado. Deja que el Espíritu inspire tu acción de gracias y abra tu sentido profético, para ver la bendición que está saliendo de todo eso. El ejercicio es enriquecedor, tanto espiritual como materialmente.

❋

Escucha la Voz Divina dentro de ti. * Te guía. Te anima. * Te muestra el camino de la rectitud * y la prosperidad eterna. *

La aceptación divina te cubre * y te protege. * Tu Padre celestial amorosamente espera tu regreso * a la vida espiritual y sus caminos * y corre a tu encuentro, diciendo: * Tú eres mi amado * en ti me he complacido. *

"La bendición del Señor * enriquece". * El Señor en ti * bendice todo tu mundo * y el acto te enriquece. * Das tu corazón y tu mente * para bendecir a todos y a todo. *

Bendices a los que te maldicen. * Haces bien a los que te odian. * No conoces rivales. *No tienes competencia. * Todo lo que se hace contra ti, te ayuda. *

Tu destino es conocer * el secreto de la prosperidad. * No puedes fallar. * Tu éxito está decretado * desde la fundación del mundo. *

El Espíritu abre tus ojos * para ver el camino. * Hay una línea recta * entre tú y el siguiente paso exitoso * y avanzas sobre ella. * El miedo desaparece por completo. *Estás tranquilo y confiado. * Tu seguridad inspira confianza. * Acumulas tesoros en el cielo. * Haces el bien y lo olvidas. * Das libremente tu décima parte —tu diezmo. * Y cosechas cien veces más. * "Traigan todo el diezmo al alfolí * para que haya alimento (sustancia) en mi casa. * Pónganme ahora a prueba en esto, * dice el Señor de los ejércitos, * si no les abro las ventanas de los cielos * y derramo sobre ustedes bendición * hasta que sobreabunde". *

Ningún enojo puede socavarte. * Ninguna envidia puede corroer tus asuntos. * Ningún egoísmo puede corroerte. * Ninguna codicia puede sobrecargarte. * Tú eres el libre instrumento de distribución de Dios. *

Las riquezas fluyen hacia ti * y a través de ti para bendecir al mundo entero. * Libremente recibes y libremente das. * Ninguna acumulación insensata te agobia. * Ninguna pérdida te perturba. *

Llevas la fe al almacén de la plenitud. * Llevas el amor al almacén de la opulencia. * Llevas el conocimiento al almacén de la abundancia. * Llevas la bondad al almacén de toda tu prosperidad. * Y regresan a ti en todas las formas de riqueza del mundo * ilimitadas, incesantes, plenas, perfectas y libres. *

DESCANSA EN LA GENEROSIDAD DIVINA.

10

NUESTRA CAPACIDAD ILIMITADA

El contentamiento es una de las joyas más ricas que puede tener un hogar, y cuando su fundamento es el conocimiento de la Verdad, permanece para siempre y se convierte en un poderoso imán para atraer hacia sí lo mejor de las personas y de las cosas.

Cuando el contentamiento está unido a la pobreza, suele haber alguna razón falsa en la raíz del asunto. A veces se trata de una rendición a las circunstancias como algo inevitable, una especie de fatalismo, pero con mayor frecuencia surge de la formación religiosa, especialmente de la doctrina de que el cristianismo y la pobreza son asociados lógicos, y que el más grande de todos los cristianos, él mismo, era pobre, no tenía "dónde recostar su cabeza".

Ahora sabemos que no podemos llamar pobre a Jesucristo, como tampoco podemos considerar pobre al rey de Inglaterra, simplemente porque no tiene dinero en el bolsillo. Jesús tenía el mando de las fuerzas que podrían haberlo convertido en el rey Creso en un momento, pero él no quería cargar con propiedades. Si uno elige prescindir de ello, está bien. Pero verse obligado a prescindir, e incluso estar endeudado, no es un estado libre y, por tanto, no es verdadero cristianismo. Porque no ha dicho Cristo: "Conocerán la Verdad y la Verdad los hará libres?"

El antiguo sermón desde el púlpito, de que uno no puede esperar ser rico en esta vida, se basaba a menudo en un cierto texto, como cita favorita para exponer estos puntos de vista. Se encuentra en Hebreos 13:5, y de acuerdo con la antigua versión King James, dice: "Conténtense con lo que tienen". Sin embargo, según un erudito prelado de la Iglesia de Inglaterra, la traducción debería decir: "Sean conscientes de que contienen dentro de sí mismos toda la capacidad", cuya versión está más en consonancia con el contexto: "Porque él ha dicho: Nunca te dejaré ni te desampararé. De manera que podemos decir confiadamente: El Señor es mi ayudador, no temeré lo que me pueda hacer el hombre".

"Contentamiento", "contener" y "contenido" pertenecen a la misma familia de palabras. Nuestro verdadero contentamiento es la capacidad de contener todas las bendiciones que el buen Dios derramará sobre nosotros.

La historia de Eliseo sobre el aumento en las vasijas de aceite de la viuda, ilustra el punto que Pablo estaba enseñando, con respecto a nuestra capacidad. Había una viuda que pidió a Eliseo que salvara a sus dos hijos de ser vendidos por deudas, es decir, de convertirse en esclavos para pagar una deuda.

Eliseo le preguntó qué tenía en casa y ella respondió: "Nada más que una vasija de aceite". Entonces le dijo que pidiera prestadas todas las vasijas que pudiera a sus vecinos. "No pidas pocas", fue su instrucción. Y luego debía verter aceite de esa pequeña vasija, hasta que todas estuvieran llenas. Ella consiguió todas las que pudo, y el aceite aumentó hasta que se llenó la última vasija y luego "el aceite cesó". "Entonces ella fue y se lo contó al hombre de Dios. Y él dijo: Ve, vende el aceite y paga tu deuda, y tú y tus hijos pueden vivir de lo que quede".

Este es un ejemplo de una mujer enriquecida por la ley de Dios hasta el límite de su capacidad receptiva, que era limitada. Pablo nos recuerda que nuestra capacidad es ilimitada, y debemos ser conscientes de ello.

Practiquemos la eliminación de toda limitación que nos hemos impuesto a nosotros mismos, ya sea para recibir o para desembolsar. No necesitamos depender del prójimo para nuestro aumento, el Señor dentro de nosotros es nuestro sustento, ¿quién nos limitará?

TRATAMIENTO 4

"Mi Copa está Rebosando".

Meditación. En la prosperidad temporal, que proviene de los métodos mundanos, se considera un buen juicio medir la cantidad de los gastos de uno en función de sus ingresos; y eso es de buen sentido cuando uno tiene una base material de prosperidad.

Pero la ley espiritual establece: "Con la medida que midas, serás medido". "Den y les será dado". En otras palabras, aprende a gastar. No de manera imprudente, ni sin sentido, sino con la sabiduría de quien está siendo educado para diseminar las riquezas como una semilla, rompiendo el miedo y el sentido de limitación, y cultivando la fe y la conciencia de toda la capacidad en uno.

Para ilustrarlo, uno puede empezar a comprar una prenda por veinte dólares, pero encuentra una adecuada por veinticinco. Según la antigua forma de pensar, los cinco dólares extra le impedirían a uno comprar esa prenda, aunque el dinero estuviera en la cartera. Entonces, si desde la confianza en la Bondad Divina, se paga la cantidad extra, el comprador no carecerá de esa suma de cinco dólares, sino que, por el contrario, habrá entrado en una nueva corriente de receptividad, y, si está atento, podrá ver el aumento inesperado, cuando llegue, en obediencia a la gran ley.

Cuando uno tiene la intención de regalar una cierta cantidad de dinero y luego mentalmente lo disminuye, está disminuyendo su propia capacidad de recepción. Un ejemplo sencillo de esta ley es la buena vaca lechera, mientras se saque todo lo que ella tiene para dar, mantiene su capacidad de recibir, pero si su ordeñador, en un momento de necedad, pensara en reservarla y no sacara la leche, ella le daría mucho menos la próxima vez, aunque la ordeñara hasta dejarla seca.

Practica distribuir libremente, con la confianza en tu Fuente de suministro ilimitada.

✳

¡Escúchame! Tú tienes la capacidad de recibir todas las riquezas * y las distribuyes * por inspiración y sabiduría. * No significada nada para ti como se sientan los mortales respecto a los tiempos. * Tú no estás sujeto a la ley de la limitación. * Los ingresos y las salidas están perfectamente equilibrados. * Cuanto más entra * más gastas * y cuanto más gastas, * más entra. *

Tú mides tu propia capacidad. * Nadie puede limitarte. * Tú amplías tu horizonte de gastos[1]. *

Lo mejor no es demasiado bueno para ti. * Eres un príncipe con Dios. * Nuestro Padre es rico. * Sus hijos son un mérito de su generosidad. *

---

[1] Donde otros dan un centavo, tú das cinco; donde otros dan cinco centavos, tú das veinticinco; donde otros dan veinticinco centavos, tú das cien.

No encuentras ningún fallo. * No te quejas. * Nunca te lamentas. * No culpas a nadie. * No eres un mendigo. * No eres dependiente. * Eres alegre y libre. * Eres valiente. * Eres un imán para atraer lo tuyo. * Quien te da, no pierde. * Todos ganan al prosperarte. * Y ellos lo saben. * Y ellos lo saben. * Vives en el reino del Amor, * donde dar libremente * y recibir con gracia * es la ley. * La creencia comercial no puede influir en ti; * no puede utilizarte ni atarte. * Haces lo mejor que puedes en todo momento. * Te entregas a la Divinidad en todo. * Tu trabajo genera un rico reconocimiento, * que toma forma como dinero * y las cosas que el mundo valora. * Crea canales para tu prosperidad divina. * Crea canales para que el Amor * se exprese a través de ti. * El amor y la prosperidad eterna son uno * y son tuyos ahora. *

"Crea canales para las corrientes del Amor,
Donde puedan correr ampliamente;
Y el Amor tiene desbordantes corrientes,
Para llenarlos todos.

Porque debemos compartir, si queremos mantener
Esa bendición de lo alto.
Dejando de dar, dejamos de tener,
Esa es la ley del amor".

11

LA ERA DE LOS MILAGROS SIGUE AQUÍ

En el reino de la prosperidad se encuentran las leyes mágicas, y cuando sus operaciones no son consideradas con superstición o como milagrosas, en el sentido de infringir la ley natural, se verán con más frecuencia. Moisés recibió y comprendió estas leyes, tanto de sus tutores egipcios, los adivinos y magos del Faraón, como de su instructor espiritual, el gran Jehová.

Nos corresponde demostrar que nuestro suministro no está fijado por la regla de Tres, sino que hay un principio vivo detrás de nuestra plata y nuestro oro, que es uno con Dios, y tocarlo, es abrir un camino por el cual nuestro suministro material aumentará, al igual que las semillas brotarán si se les aportan los elementos adecuados.

En el libro, "La Hora del Silencio", de S. D. Gordon, publicado por Fleming H. Revell Co., de la ciudad de Nueva York, hay una historia de un milagroso aumento que se relata a continuación de forma condensada. Se llama "la historia del oro finlandés".

"Era una noche de invierno en Estocolmo. La reunión vespertina había terminado, y un grupo de amigos cristianos estaba reunido en torno a la mesa de la cena. Mientras comíamos, hablábamos de nuestras experiencias, de la bondad de Dios. Una señora presente fue persuadida a contar, por medio de la interpretación, una historia de la experiencia inusual de una amiga suya en Finlandia.

Se trataba de una mujer que tenía que pagar una injusta cuenta por la madera utilizada en la construcción de una pequeña capilla. Ella no tenía suficiente dinero y habían fracasado todos los esfuerzos por conseguir más, por lo que estaba amenazada con una acción legal. Entonces, durante la oración, el dinero en su pequeña caja aumentó hasta que hubo suficiente para pagar la demanda. Esa es la esencia de la historia.

Sorprendió bastante a todos los que la escucharon. Una cosa así era inaudita en los tiempos modernos, y la duda fue expresada libremente por algunos de los más serios y reflexivos presentes. La duda no era sobre el poder de Dios para hacer tal cosa, sino sobre la exactitud de la historia. En su emoción, la mujer debió cometer un error. Se pensó que alguna amiga estaba ayudando en secreto. ¿Estaba acostumbrada a contar dinero? ¿Estaba la caja cerrada para que nadie más pudiera acceder a ella? Probablemente, era una buena mujer, pero bastante emocional. Así, corrieron las preguntas y los comentarios.

Mientras escuchaba la historia, y luego los comentarios, pensé que si era verdad —y esta amiga que la contó, y que conocía personalmente a la mujer que la

protagonizaba, parecía estar muy segura de que lo era—
no debía contarse hasta que pudiera verificarse a fondo,
pero que si realmente podía verificarse, debía contarse, y
contarse ampliamente".

Aquí el autor cuenta cómo él y su esposa rezaron para
que, si la historia era cierta, pudieran ser llevados a
Finlandia, conocer a la mujer y hablar en la pequeña
capilla. Es sumamente interesante leer cómo el Espíritu
abrió el camino, de manera que fueron al pueblo y
estuvieron dos días con la mujer, teniendo un excelente
intérprete, que también vino en respuesta a la oración.

"La mujer es la encargada del correo de la aldea, o más
bien, de la intersección ferroviaria, un puesto muy
importante que ha ocupado durante más de veinte años.
Es un puesto de gran responsabilidad, ya que en Finlandia
no hay bancos y pasa mucho dinero por el correo. Algo
así como ochocientos mil dólares pasaron por sus manos
algunos años.

Su contabilidad era tan cuidadosa como la de cualquier
banco que yo haya examinado en mi época de banquero;
no solo con una precisión minuciosa, sino con la pulcritud
de un contable experto. Esto parece responder
suficientemente a los comentarios que escuché cuando se
contó la historia en Estocolmo".

Se necesitaba una capilla, y la mujer, una persona
tranquila y sin pretensiones, se comprometió a dirigir y
ser responsable de su construcción. Las ofrendas
voluntarias constituyeron el suministro. Mientras
llevaba a cabo la construcción, llegó una factura por la
madera, que había sido comprada y recibida. Pero el

cobro era mayor de lo que debía haber sido. Con la factura llegó una exigencia perentoria de pago inmediato del dinero, ciento cincuenta dólares, amenazando con un procedimiento legal. En Finlandia se acostumbra a conceder créditos a largo plazo, pero los fondos de la capilla no alcanzaban para ese pago. El pueblo era pobre, y había habido mucha oposición por parte de la gente de la Iglesia a que se construyera la capilla. Ella hizo todo lo posible por conseguir el dinero, pero todo fue infructuoso. Se acercaba el momento final del pago. Hizo un último viaje a un pueblo cercano. "El hombre al que esperaba ver estaba en el extranjero; y su esposa pensaba que no debería haber comenzado a construir hasta tener el dinero".

En su camino de regreso, mientras estaba en oración, vino a ella un pensamiento que había estado viniendo durante toda esta prueba. Se trataba de cómo Jesús aumentó los panes y los peces. Ella pensó: "Dios puede tocar mis escasos fondos de la capilla y hacer como en el desierto, que sean suficientes para la necesidad".

Al volver a casa, en cuanto pudo sacar tiempo de su trabajo, fue al cajón a buscar la cajita donde se guardaban los fondos de la capilla. Había contado el dinero antes de ese último viaje y comprobó que solo tenía setenta dólares. (trescientos cincuenta marcos en moneda finlandesa)". Ella tenía dieciocho dólares propios. Estaba sola, puso el dinero sobre la mesa y su escasa provisión junto con él, y cubriéndolo con sus manos, rezó en un lenguaje sencillo como el de un niño:

"Señor Jesús, bendice tu dinero, como bendijiste los panes en el desierto. Yo también pondré mis panes en tus manos y dejaré que junto con las tuyas cubran esta necesidad; que este dinero cubra el monto de esta factura".

Luego contó el dinero y eran exactamente setecientos cincuenta y un marcos (ciento cincuenta dólares) y se dio cuenta de que ahora había mucho oro, este no había estado en la caja.

Envió un mensaje al recaudador para que viniera a buscar el dinero. Antes de que llegara, volvió a esparcir el dinero para contarlo, y esta vez sintió el impulso de sacar su pequeña reserva de noventa marcos (dieciocho dólares) y el resto ascendió nuevamente a los setecientos cincuenta y un marcos (ciento cincuenta dólares). Con un corazón rebosante de agradecimiento, esperó al recaudador.

Cuando llegó, le contó su maravillosa experiencia y él se conmovió mucho. Al volver a contar el dinero ante él, le sobraron algunas monedas de plata. La cuenta fue debidamente pagada y el funcionario le entregó el recibo".

El autor entra en muchos detalles para mostrar el carácter inconfundible de la obra maravillosa, y la presenta como un mensaje del Dios que responde a la oración.

La ley que se cumplió en este aumento, puede ser conocida con la misma exactitud con la que entendemos las leyes del teléfono; y los científicos se disponen a estudiar estas leyes, con el mismo celo y profunda pasión de los devotos astrónomos, que han buscado y encontrado las leyes de los planetas.

TRATAMIENTO 5

La Santidad, la Sustancia de las Riquezas

Meditación.

"Será como árbol plantado junto a corrientes de agua, que da su fruto en su tiempo, y su hoja no se marchita; y todo lo que hace, prosperará" (Salmos 1: 3).

Así se describe la buena fortuna de una persona piadosa.

Hay algunos de nosotros que no llegamos a esta existencia "con una cuchara de plata en la boca". Nos parece que toda nuestra bondad ha sido infructuosa, que el destino está en nuestra contra y que es inútil intentarlo.

Si hemos comenzado esta vida como personas en bancarrota, entonces debe haber más resolución y determinación, y un coraje que no conoce la derrota.

La ley de Cristo elimina las cargas y deudas pasadas que el destino (o karma) puede haber puesto sobre nuestros hombros infantiles. No importa que la mala suerte haya parecido ser nuestra desde el nacimiento, este día nos ponemos bajo la ley de nuestro ser Crístico y creemos en la promesa de Dios de que nuestra bondad tomará forma tangible, aquí y ahora.

Ejercita esa paciencia que es una con la confianza absoluta, y nunca, ni siquiera en lo secreto de tu propia cámara, reconozcas la lentitud o el fracaso como real o duradero.

Los tesoros que has acumulado en el cielo —en el interior— están destinados a tomar forma como tesoros de la tierra. En la mayoría de las personas, no aparecen hasta otra encarnación, cuando se dice que "nacen con una cuchara de plata en la boca". Pero tú no necesitas esperar otra encarnación, porque tu bondad de hoy puede expresarse aquí y ahora, en esta encarnación, como desbordante abundancia de los bienes del mundo.

❄

¡Escúchame! ¡Oh, descendiente de la bondad pura! * Tú sabes cómo traer a este mundo toda la bondad que hay en ti. * El Espíritu te instruye * en las formas de expresar tu Amor. * Toma forma universal, abarcando a todos. * Tu cualidad magnética es irresistible. * A la humanidad le encanta disfrutar del sol de tu presencia. * Su valor es alto. * Hay un mercado para él en todas partes. *

Tu Bondad se desborda en el servicio generoso a todos. * Tu bondad atrae bondad. * Tu talento es descubierto y apreciado con expresiones financieras. * Tu ingenio y poder de invención salen a la luz. * Tú eres invaluable para la humanidad. *

Tu bondad hace que los demás se sientan bien. * Tu generosidad hace que los demás sean generosos. * Eres una semilla en la tierra de la riqueza * atrayendo hacia ti todo lo que te prospera. * Tú floreces como los lirios del campo, * sin preocupaciones ni temor, * sin ansiedad ni trabajo duro. * Tú eres una ley para ti mismo. * Eres independiente de las leyes humanas, * de las personalidades, de las corporaciones y de los sistemas. * Estos te sirven y te bendicen, pero no pueden esclavizarte. * Miras solo a Uno como la fuente de tu prosperidad. * Te has hecho a ti mismo, * hecho por el Ser Único — Creador de todo. * No eres vanaglorioso, * ningún orgullo mortal puede hacerte tropezar, * ningún error del pasado puede deprimirte. * Ningún orgullo tonto puede alejarte de lo tuyo. * Tienes respeto por ti mismo, no orgullo * y mantienes la cabeza erguida, * mantienes la espalda recta * y tu paso firme. *

Nada puede desanimarte. * Las malas acciones de los demás no pueden amargarte. * Los éxitos de los demás no pueden hacerte sentir envidia. * Tú irradias la bondad de Dios. *

Eres una fuente inagotable de recursos. * Estás en conexión con la fuente principal en lo alto. * Tú eres el poder de Dios, * para convertir la sustancia divina e invisible * en formas tangibles y visibles. *

Tu fe es ilimitada * porque se basa en la razón y el conocimiento. * Puedes hacer todas las cosas por el poder de Dios en ti. * La Sabiduría Divina te guía, * te aleja de la insensatez. * No desperdicias, ni tu tiempo, ni tu sustancia, ni tu vida. * El buen juicio te acompaña siempre. * La Inteligencia Divina te mantiene alejado de los caminos insensatos y las tonterías. * La inspiración te levanta de todos los enredos * y pone tus pies firmes en los caminos de la sabiduría. Tu gentil bondad no puede ser atacada. * Es una con el cordero de Dios * y ningún lobo de la codicia comercial puede apoderarse de ti. * La necedad de los demás no puede engañarte. * Las palabras y los hechos engañosos no pueden moverte. * No puedes ser atrapado por la codicia o la ignorancia. * No puede engañarte la astucia de nadie. * Eres fiel a ti mismo y tu fidelidad te defiende. *

La bondad de Dios llena toda tu vida. * La bondad llena y cubre todo lo que es tuyo. * Todo lo que pones en tu mano, prospera. * Todo lo que tocas se convierte en riqueza. * Ciertamente, la bondad y la misericordia te seguirán * todos los días de tu vida * y habitarás en la casa del Señor * para siempre. *

ESTÁ ESTABLECIDO.

JESUCRISTO EN EL MUNDO DE LOS NEGOCIOS

Con respecto a los negocios, Jesucristo dio muchas indicaciones y muchas enseñanzas. En efecto, Jesucristo fue muy práctico, dirigiéndose a personas que dominaban las finanzas y que, sin embargo, carecían de lo principal y, por otro lado, a quienes cuidaban fielmente la virtud y las buenas obras, pero fracasaban económicamente. Él enseñó el Camino que es Uno, para estos dos extremos.

Él sabía que solo había un negocio para todos los que habían venido a esta tierra: el negocio de su Padre celestial, es decir, dar testimonio de la Verdad, probarse a sí mismo como inmortal y divino, y hacer el cielo en la tierra para el prójimo. Hizo a sus discípulos pescadores exitosos y luego dijo: "Vengan en pos de mí, y yo los haré pescadores de hombres". Ahora, Jesucristo en ti te hará exitoso donde estés, y al mismo tiempo te llamará a reunir hombres y mujeres en el Reino.

"Yo los haré constructores del carácter, de la salud y de la felicidad de las personas", les dice a los carpinteros, a los contratistas y a otros que se dedican a la construcción.

"Yo los haré promotores de la naturaleza espiritual de las personas", les dice a los que desarrollan los negocios, y los productos de la tierra.

"Yo los haré alimentadores de las almas humanas, y vestidores que produzcan cuerpos dignos de los hijos de Dios".

"Yo los haré banqueros, atesorando a los redimidos como oro".

Qué obra más grande se puede hacer para el Reino de los Cielos que tener éxito en la vida de los negocios y demostrar que lo hiciste por el poder del Espíritu Santo dentro de ti.

No puedes servir a Dios y a Mammón al mismo tiempo. Lo has demostrado. No puedes entregar todo tu corazón a las riquezas. Tienes una conciencia que nadie puede destruir, ni en ti, ni en él mismo. Puede drogarla con artificios durante años, e incluso pensar que no tiene conciencia; pero descubrirá su error. Porque la conciencia es simplemente el conocimiento de uno, el ejercicio de la Inteligencia Suprema de uno, y no caerá. Es inmortal.

La gente se enriquece con una cuasi adoración a Mammón. Hacen cosas inescrupulosas durante mucho tiempo y creen que pueden engañar a su gran Alma-Ser. Pero solo se engañan a sí mismos. Su riqueza es como arena y ceniza en su boca. Algo falta.

Es mejor ser un cordero, arrojado de las fauces de un lobo a otro, sometido, esquilado una y otra vez, que ganar riquezas en detrimento de esa tierna, santa y rica naturaleza amorosa, que participa en la eterna alegría, la cual es independiente del tiempo y el espacio.

Pero es posible mantener la cualidad de cordero y recibir todos los poderes y la sustancia que ahora poseen y explotan los lobos. Jesucristo ha indicado el camino, y por el Espíritu Santo uno puede reunir todas sus enseñanzas sobre prosperidad y los registros de sus obras, que se refieren especialmente a la manera de tener éxito, y utilizar esta llave maestra en el Reino de la Riqueza Eterna.

Jesús no despreciaba ni el dinero ni los negocios. Designó un tesorero para los discípulos, en Judas. Les enseñó a "recoger los pedazos que sobran, para que nada se pierda"; les enseñó a no ser holgazanes.

Pero les inculcó un nuevo sentido del valor. Les dijo a los fariseos amantes del dinero, que "lo que es de alta estima entre los hombres es despreciable a los ojos de Dios" "¿qué provecho obtendrá un hombre si gana el mundo entero, pero pierde su alma?" Como aquel otro Alejandro, que a la edad de treinta años había conquistado el mundo entero, sin embargo, murió en una borrachera.

Él pagaba tributos al César y a la sinagoga, utilizando leyes ocultas para obtener el dinero.

Pero la enseñanza más clara de todas fue cuando, en dos ocasiones, dirigió a sus discípulos, que habían estado esforzándose toda la noche en sus pescas sin tener éxito, justo al lugar donde debían echar las redes, para hacer redadas que, si se repetían unas cuantas veces, podrían hacer rico a un hombre.

Jesús no dudó en utilizar sus sentidos más profundos para promover la prosperidad terrenal. Tenía el verdadero sentido de los negocios, que viene por el Espíritu Santo. Y este Maestro está hoy en tu corazón, y si escuchas su voz y te dejas guiar por sus principios, serás el cumplimiento de las grandes promesas:

"Deléitate en el Señor, y él te concederá los deseos de tu corazón" (Salmos 37:4)

"Los que buscan al Señor no tendrán falta de ningún bien, no carecerán de bien alguno" (Salmos 34:10)

TRATAMIENTO 6

Cristo en mí, mi Poder de Prosperidad

¡Escúchame! El Cristo en ti es tu clara intuición, * tu verdadero sentido de los negocios * y tu inspirada guía hacia el éxito. *

Tú estás en el negocio para salvar al mundo. * Tu integridad impregna todo tu mundo. * Dirige tu visión a la región de la riqueza. * Jesucristo en ti supervisa * todas tus inversiones, negocios y tratos.

Tú trabajas solo para el Reino de Dios. * Esta es tu primera preocupación. * Eres entusiasta en tu manera de trabajar. * El Espíritu Santo te infunde una nueva imaginación sobre tus asuntos. * Tienes iniciativa. * Eres original. * Encuentras nuevas formas de servir a la humanidad. * Descubres las regiones productoras de riqueza de la tierra. * Descubres los poderes más valiosos del ser humano. * Salvas a otras personas en sus negocios. * Por el Cristo que hay en ti, señalas el camino por el que pueden prosperar. * Das libremente cualquier consejo o descubrimiento que haga prosperar a los demás. * Ningún comercialismo puede interferir con tu inspiración. * El Espíritu te protege de la codicia y la imposición. * Jesucristo en ti revela los errores que hay que eliminar, * para que puedas ser receptivo a toda riqueza. * Pones tu mano en el arado de Cristo * y no miras atrás. * Destierras todo recuerdo de pérdidas. * No meditas sobre pérdidas de ningún tipo. * No dedicas tiempo a lamentarte. * Olvidas deliberadamente todos los errores, tanto los tuyos como los de los demás. * Entregas todas las apariencias de debilidad, mal juicio, vicios, ignorancia, necedad y mala suerte, al cuidado del Espíritu Santo. *

Practicas la presencia de Dios. * Recuerdas meditar sobre lo divino que hay que hacer. * Haces lo que Jesucristo haría. * Tú eres Jesucristo en el mundo de los negocios. * Predicas la buena nueva del camino para prosperar eternamente. * Predicas silenciosamente, con tu vida, con tus métodos, con tu carácter. *

El Inspirado Uno en ti descubre las leyes secretas del aumento y la transmutación. * Tienes el sagrado arte de la adivinación. * Conoces el camino para encontrar el oro en las entrañas de la tierra. * Conoces el lugar de los manantiales de agua. * Los elementos te revelan sus secretos. * Eres el irresistible conquistador del planeta. * Todo te entrega lo mejor de sí, por la Ley del Amor. * Eres el Amante de Todo * y atraes hacia ti todos los dones del Amor. *

Te quedas quieto en la conciencia de Cristo * y todos los confines de la tierra te buscan * para servirte y bendecirte. * Estás en paz con todos * y la satisfacción del Ser más rico del universo * se centra en ti y derrama bendiciones a través de ti * sobre el mundo entero. *

Sereno me cruzo de brazos y espero,
No me importa el viento, ni la marea;
Ya no lucho contra el tiempo o el destino,
Porque ¡he aquí!, lo mío vendrá a mí.

Las aguas conocen lo suyo y atraen
El arroyo que brota en la altura;
Así fluye el bien, con la misma ley,
Al alma de puro deleite.

Las estrellas llegan todas las noches al cielo,
La marea mueve las olas del mar;
Ni el tiempo, ni el espacio,
Ni la profundidad, ni la altura
Pueden alejar de mí lo que es mío.

Sabiduría de Ayer, para los Tiempos de Hoy

www.**wisdom**collection.com

www.ingramcontent.com/pod-product-compliance
Lightning Source LLC
Chambersburg PA
CBHW032009040426
42448CB00006B/558